新零售进化论

陈欢 陈澄波 著

中信出版集团·北京

图书在版编目（CIP）数据

新零售进化论 / 陈欢，陈澄波著 . -- 北京：中信出版社，2018.7
ISBN 978-7-5086-8956-2

Ⅰ. ①新…　Ⅱ. ①陈… ②陈…　Ⅲ. ①零售业－研究
Ⅳ. ① F713.32

中国版本图书馆 CIP 数据核字（2018）第 100231 号

新零售进化论

著　　者：陈　欢　陈澄波
出版发行：中信出版集团股份有限公司
（北京市朝阳区惠新东街甲 4 号富盛大厦 2 座　邮编　100029）
承 印 者：北京诚信伟业印刷有限公司

开　　本：880mm×1230mm　1/32　　印　　张：8.75　　字　　数：138 千字
版　　次：2018 年 7 月第 1 版　　印　　次：2018 年 7 月第 1 次印刷
广告经营许可证：京朝工商广字第 8087 号
书　　号：ISBN 978-7-5086-8956-2
定　　价：49.00 元

序一

快车轨道上的慢思考

自从马云在 2016 年提出“新零售”的概念以后，这个词一夜之间火遍了大江南北。在各个媒体上，“新物种”如雨后春笋般地出现，资本世界也似乎在 AR（增强现实技术）、共享、人工智能这些热点之外，找到了一个新的风口，不断为这个竞争越来越激烈的战场注入“弹药”和“粮草”，一时之间，一堆堆熊熊烈火在新零售这个行业里面燃烧，越来越多的有志于在这个行业里创业的人才涌入这个大潮之中。

和澄波相识已经十几年，说来相识的场景极其浪漫，那时正值“非典”流行时期，我在家里办公，是通过 QQ 群认识的澄波，后来我们在线下见了面，一起创办了一家专注于大企业人才培养咨询与实施的专业公司——凯洛格（Keylogic & Company），合作了 10 年。这 10 年间，澄波是我在那个领域里面见过的最优秀的产品经理，我们在两个战略方向上的重要突破，澄波都是先锋司令。一个是行业化，我们确立了在移动通信领域的领先地位；另一个是移动化，我们成立了领先的在线学习公司——思酷，在澄波的带领下不仅完成了突破，而且获得了行业里面的领先优势，并且拿到了当时行业中规模较大的一笔美元融资。

两年前，我离开我们一起创办的公司，希望在新的创业投资战场里继续新的创业梦想，和澄波见面的机会少了。但是每一两个月他总有机会来北京，我会从我新的视角对原来的事业、新的机会阐述一些自己的想法，澄波则耐心听着，然后很快将之融入自己的思考和新的行动中。一年多前，我无意间问到他，目前他的客户群主要集中在哪个领域，他说是零售和金融，我谈了很多在创业邦的平台上，和各个顶级投资机构和合伙人交流学习，以及我们在新零售创业者辅导上的一些做法和探索，坚定了他带领公司进行新零售领域探索的信心。在之后的将近一年的时间里，澄波和陈欢对这个领域的深入调研、挖掘，对国外对标公司经验的学习和吸收能力令我惊叹。这得益于他们在这个领域有数百家公司的客户基础，也得益于我们当年早早和哈佛商学院建立的战略伙伴关系所帮助构筑的国际视野。

当我拿到澄波和陈欢耗时一年，经过充分开拓视野、深入挖掘理解完成的这本书稿时，我既惊讶，也不惊讶。惊讶的是这一年多他们的用心，因为在这个大家都急于飞奔向前的时代，对自己要做的事情能够花一年多的时间进行沉淀，不仅吸收学习，最终还能转化为自己的观点、逻辑和方法论的人已经是少之又少了。不惊讶的是，这就是他们的风格、他们做事情的态度。

中国的改革开放已经40年，我们的生活消费水平提升到了新的层次。在创业邦平台上开设的Bang Camp零售班里面，每期近百位创始人给我的触动和震撼让我更加相信未来的中国属于他们。我们的生活需要改变，我相信澄波和陈欢一起完成的这本书，是我们这个快车道时代非常重要的慢思考，能够在我们的时代奔腾的洪流中有一丝坚守，不随波逐流。推荐所有愿意在新零售领域创业、从业、投资，以及对新零售感兴趣的朋友都认真读读这本书！

持续创业者、创业邦合伙人　王　玥

于北京飞往伦敦的航班

序二

春江水暖鸭先知

2014年9月19日，阿里巴巴在美国纽交所上市，市值突破2 300亿美元，踏上了作为“一家世界级的伟大公司”的新征途；同年“双十一”购物节，单日交易额达到震惊世界的571亿元；阿里巴巴的核心业务电子商务继续一路高歌猛进，业界对于电商的热情日渐高涨……

上市当日，与同事狂欢过后，我交了工牌，戴着阿里巴巴五年陈授戒仪式上发的刻着“玉关”花名和工号的戒指，悄无声息地只身离开西溪园区，正式告别阿里巴巴。短暂的休息后，我开始筹备创业。同年11月3日，蚁国科技正式创立，定位为“创新零售服务平台”，口号是“为实体零售而生”，立志要用建设性创新（不是破坏性创新）的方法和技术手段，去为线下蚂蚁般勤奋生存着的传统实体零售升级服务。12月23日，第一款产品“洽客”诞生，并很快获得软银中国的Pre A轮[①]投资；彼时，线下零售行业正在快速下行，走向谷底，业界“哀鸿遍野”，一片关店声和唱衰声……

两年后的2016年10月13日，马云在杭州云栖大会上首次提出了“新零售”的概念，引爆了行业。于是，新零售成为又一个业界最流行的热点和风口，并逐步开始呈现百花齐放的态势。

而此时，在“创新零售”这条路上探索了两年的洽客，也于2016年启动了主题为“实体零售破局”的市场活动，在全国巡回举行，不断教育传统的零售商们为什么要做创新零售。当举行到第13场的时候，猝不及防，一头撞上了新零售的爆发……

新零售的风开始狂吹的时候，我认为，已经不需要再去讲“为什么要做新零售”的问题了，所以停止了我在《卖家刊》首页的《零售启示录》的连载以及对外的宣讲型站台，开始潜心升级洽客，重点研究新零售的建模方法论以及产业链上赋能模型的实践，并最终将升级后的“洽客+”定义为一家具备新零售建模

① Pre A轮融资指A轮投资的第一期投资。——编者注

咨询、技术实现及运营孵化能力的"赋能+创投型新零售解决方案服务商"，开始深耕行业。除助力传统零售流通行业的升级外，我还孵化了就试试衣间、五芳斋的餐饮+零售、如家的住宿+零售等一批真正意义上的零售创新模型，并因为这些丰富的实践，有机会成为创业邦的新零售创业营的导师，认识了这本书的作者陈欢。当我在浏览创业邦学员名单的时候，看到他的公司定位为"新零售咨询服务"时，引起了我很大的好奇心：在一个百花齐放、各种物种快速出现的新兴创新型领域里，敢去做咨询服务的，必然要有自己非常独特的思考、极具创新力的视角和激发创新的能力，因此就多留意了一下。在课堂上见到的陈欢，是谈到新零售就眼睛发亮的那种创业者，颇有心心相惜之意。后来得知他写了一本研究新零售的书的时候，更是激起我很大的兴趣。

"春江水暖鸭先知"，从创立洽客起，作为新零售行业的践行者，我一直在对新零售进行深度实践并且不断总结、思考和建模，对于市面上许多新零售的流行书基本处于"免疫"状态。但是陈欢的书稿还是给了我很多的惊喜，几乎是用了半个晚上的时间一口气看完的，发现这是一本用心之作：非常有利于新零售从业者快速学习，寻找背后规律，并尝试进行业务创新。

书中有几个非常值得认真去阅读和感受的地方。

一是作者的独立思考和自成体系。他从自己的角度出发，总结出了新零售的第一性原理是物理数据二重性，同时，围绕这个核心，提炼出新零售八大算法图谱、新零售产业链的八大分工和新零售机构的三大原则，这些都是非常宝贵的独到见解，也是对目前市场上大量新零售的内容及案例进行研究后的总结，非常到位。事实上，作为新零售服务从业者，里面的新零售咨询以及S2B（供应链平台对企业的互联网商业模式）方向正是洽客根据市场的需求调整后目前在做的事情，可谓非常精准。

二是案例丰富，技术与理论被解释得深入浅出。书中列举了大量的案例来支持作者的理论体系，可以非常有利于读者快速阅读、梳理以及对照建立自己的新零售实践模型。

另外，该书是作者经过大量阅读和总结后的呕心之作，也是作为一本快速建立新零售整体框架性认知的非常好的书，强烈建议新零售的从业者、创业者以及投资人来阅读。

洽客创始人、一直在路上的创新零售实践者

玉关（罗文军）

前言

新零售背后的算法图谱

2017 年 12 月 31 日，相信很多朋友和我一样，坐在电视机前听罗振宇发表名为“时间的朋友”的跨年演讲。不知道从什么时候开始，跨年不再是一群人跑到广场上狂欢，而是一个人守在电脑前学习新知识。这是否也算是一种进化呢？

2017 年有太多的新词成为热词，如果有一个排名，新零售绝对是可以当之无愧地排在榜首的。大家都在谈新零售是什么，为什么要做新零售，怎么做新零售。从 2017 年年初我和澄波决定写这本书开始，我们也在不断地被各类业内外专家的观点洗脑。作为咨询行业出身的研究者，有时候自己也会迷茫，过往的项目经验、结构化的逻辑推演、专家的主观预测，甚至提出“新零售”的马云，到底谁说的有道理？

在写作的过程中，我们只有一个模糊的思路，如果连专业研究者都对新零售的思路充满迷茫，那么说明一定有更好的视角来分析和理解这个新鲜事物，就像数学家知道一定有更好的解题思路一样。当科技媒体上各路专家提到新零售就绕不开盒马鲜生、超级物种的时候，我们却感觉这些内容并不一定是新零售的核心。

我们要写一本看得懂的新零售底层思路的读物，不是观点、案例的堆砌，而是真正对于理解纷繁现象有帮助的读物，哪怕里面没有盒马鲜生（似乎书中还是有一个关于盒马鲜生的小案例）。

等到完稿的时候已经是 2017 年年底，我回顾这一年访谈、研究、写作的过程，发现起码这本书回答了 3 个大家关心的问题。这 3 个问题罗振宇在跨年演讲中总结得特别好，跟我们的理解可以说是殊途同归的。

- 我们是行业强者，如果跟不上新零售的潮流，会不会被淘汰？
- 我们不是行业的强者，理解新零售能不能帮助我们获得更大的竞争优势？

- 我们刚刚进场，怎样找到新零售的新玩法？

相信所有的读者都会关心其中的一个或者几个问题。如果时间紧张，我可以直接告诉你答案：“会”“能”“看完这篇前言”。如果时间充裕，建议你读完这本书。如果准备持续学习，那么可以通过书中的联系方式找到我们，一起交流研究。

好了，这篇前言将会用最精练的文字，概括全书的核心内容，看完你再决定是否需要好好花时间阅读它。

所有的现象都有一个最底层的规律，这就是第一性原理。

新零售的第一性原理是物理数据二重性。

所谓物理数据二重性，是指在新零售时代，所有的人、货、场既是物理的也是数据的。

零售是一个古老的行业。在很早之前，数据世界是不存在的，零售只具有物理世界的属性。随着文字、印刷术、计算机的发明，数据世界诞生，并不断发展壮大，物理和数据世界开始融合。电商时代，数据和物理世界进一步融合，很多物理世界中的商品，在数据世界中都可以找到映射。

物理世界有物理世界的规律，而数据世界有数据世界的规律。当物理和数据世界几乎完全融合的时候，量变引起质变，所谓的“新零售”就来了。

新零售各种现象的本质是由于数据世界的规律开始大规模发挥效用导致的。比如数据可以快速复制，是具体而精准的，可以共享，并且不会因为使用而消耗等。这些规律在物理世界中都是不可思议的存在。

新零售的出现，只是一个开始。数据世界的规律开始影响各行各业，零售业因为和消费者生活息息相关，所以最容易被察觉。慢慢地，所有的行业，农业、制造业、金融业、服务业都会出现“新”业态。

从物理数据二重性出发，理解零售行业的其他现象和规律就很容易找到清晰的思路。我们把所有的新规律按照数据世界的习惯称为“算法”，所有的算法联系在一起就构成了新零售行业进化的图谱。

第二章重点研究的是商品的规律。

核心算法一：体验统一评价体系。

物美价廉是传统的评价体系。性能和价格构成了商品的两个基本维度。性能的维度不断扩展，评价体系越来越复杂。针对不同的评价体系，定位理论和搜索引擎优化先后出现，在不同时期分别占据了主流的位置。

到了新零售时代，体验统一评价体系。新的商品维度划分为：功能、内容、服务。

以上 3 点都将以体验来作为衡量标准。未来的体验将是数据化的重点。

核心算法二：“产品组合 + 配方”创造海量的个性化体验。

新零售的观察“颗粒度”从“人群”聚焦到“个体”。个体既是有血有肉的生物生命，也是被数据化赋值的数字生命。

过去基于满足人群正态分布的产品开发思路将被颠覆。企业需要满足海量的个性化长尾需求。

综合性商品越来越少，个性化商品越来越多。

在数据世界，可以通过基本单元排列组合的方式产生无限可能。这一规律将影响物理世界，产品将通过组合的方式满足海量个性化需求。

配方是产品组合的方式。配方有如下特征：一是针对特定需求；二是有明显的优劣之分；三是与商品的内容属性强相关。

消费者通过“产品组合＋配方”的模式，满足无限逼近自己内心需求的体验。

核心算法三：无缝衔接，随时待命的服务。

数据不会休息，数据化的服务不会下线。

数据相互关联，数据化的服务不允许有衔接障碍。

新零售的服务是不受时间和空间限制的。

第三章重点研究商品的内容化这一最突出的变化。

核心算法四：内容将成为商品最重要的属性。

功能、内容、服务三大维度中，只有内容完全不依赖物理世界，最符合数据规律的维度。因此，内容也是商品在新零售环境中最重要的属性。

内容是对消费者有价值的信息，它的本质就是信息，是数据。它的传播速度等同于数据。

内容的价值在于：

- 越是功能和服务同质化程度高的商品，越需要内容来突出差异（如矿泉水）；
- 越是功能和服务体验复杂多样的商品，越需要同样复杂精细的内容来教育和引导（如葡萄酒），在新零售环境下，同质化竞争激烈，消费升级是趋势。

同质化商品需要内容来提供差异，消费升级的复杂体验需要内容来教育引导。

内容的作用在于：

- 消灭信息差；
- 提供识别符号。

内容的表现形式会伴随科技的发展而不断引领潮流。

目前，直播和短视频是趋势，未来将更加火爆。

直播的主流做法的六大要素为：主播、观众、商品、内容、工具、流量。

第四章重点研究生产环节的变化。

核心算法五：范围经济替代规模经济。

数据成为最重要的生产要素。

新零售体系不存在遥远的距离。

设计—生产—渠道—零售的传统线性价值链弯折重构。

每个环节都要懂生产，都可以整合生产，供应商开始走向台前。

大规模定制化才是真正的定制化。

生产模式从以生产者为中心转向以消费者为中心，其核心是消费者不再仅被笼统地归纳为一个群体，而是专注于寻找其个体化的消费需求。

过去，个性化需求不是不能定制，而是成本太高，所以没法大规模进行定制。成本太高的原因是，生产要素受限于物理世界的规律，不能重复使用，产品类型越复杂耗散越高。

当数据成为最重要的生产要素后，同时生产多种产品，成本更低，效率更高。范围经济优势凸显，直接导致大规模个性化定制成为可能。消费者真正开始逆向牵引生产。

第五章重点研究供应链的重构。

核心算法六：供应链的本质是优化商品的时间属性。

时间成为商品最重要的维度。

商品从原材料环节开始就奔跑在前往消费者手中的路上，供应链的算法决定了商品在各个环节停留时间的长短。

所有线下的门店、仓储都是调度商品与消费者之间时间、距离的节点。

核心算法七：人—货—场，算法公式升级。

人的算法公式升级。

旧算法：触发购买信息—仔细比对挑选—购买。

新算法：时间很宝贵—什么时候都可以买—节约认知持续买。

货的算法公式升级。

旧算法：成本 = 钱，价值 = 功效，企业资源 = 生产要素，企业能力 = 生产效率。

新算法：成本 = 钱 + 时间 + X，价值 = 功效 + 体验 + X。

X = 社交成本/学习成本/其他所有新成本要素。

企业资源 = 对话要素，企业能力 = 设计效率。

场的算法公式升级。

旧算法：场 = 买卖成交。

新算法：场 = 关系升级。

新零售商业社会进化为争取用户“选票”的“民主社会”，得票最多的成为核心，其他零售资源向其靠拢。

第六章重点研究营销的规律。

核心算法八：创造高频次、高质量的对话。

传统零售营销的模型是漏斗式的，层层转化，用户路径呈一条直线，营销的核心动作是流量—转化。新零售时代的营销是蜂巢式的，多入口、多出口、多触点，场景立体堆积，用户路径多样。

在信息高度对称、高度流动的新零售环境下，产品本身就能被识别和传播。

在新零售的算法中，好产品 = 好内容 = 好品牌。

需要创造高频次、高质量的对话以适应复杂多变的市场，满足“假设—验证”的原理。

以上是本书核心主线的概括。通过一个原点（物理数据二重性）衍生出八大核心算法，并用大量的辅助观点和案例来揭示新零售背后的算法逻辑。

需要特别说明的是，《新零售进化论》并不是一本追求大而全的书，我们写作的目的，更多是为了理解、归纳和预测。对于行业内讨论特别充分的案例，如盒马鲜生等，本书在写作过程中如无新观点提出，则不做详细展开讨论，读者可以参考相关的文献资料自行学习探索。

同时，新零售也是发展迅猛的领域，在本书的写作过程中，不断有新的模式、新的零售物种诞生。这也让我们特别遗憾，不能及时将新内容完全纳入本书。不少试读书稿的朋友提出，希望能在本书中讲解更多专业细分领域的实战技巧。我个人的观点是，实战技巧需要用实战数据来支撑，目前新零售还在摸索初期，很难界定成功的标准，更不用提收集实战数据。

我将和澄波一起投入一线的新零售咨询工作中去，希望在后面的迭代更新中，能有翔实的操作层面的心得体会分享给大家。

由于行业和作者背景的局限，书中难免有这样或者那样的问题、疏漏和错误，希望广大读者朋友不吝赐教，多多指正。

陈　欢

2018 年 1 月 11 日于广州

目录

第一章

新零售时代

幕布掀起：新零售时代 / 3

诠释新零售 / 6

驱动力：消费升级、新流量经济转型与技术进步 / 11

第一性原理：物理数据二重性 / 15

新零售的产业链 / 22

新零售的野望 / 25

第二章

商品的算法

商品评价体系的变化 / 31

功能、内容、服务统一于体验 / 36
满足需求与创造体验 / 41
体验并不是喊喊口号 / 48
从产品到产品组合 / 54
配方的价值 / 60
无缝衔接、随时待命的服务 / 69

第三章
内容化

什么是商品的内容 / 83
内容化的浪潮 / 91
未来在直播 / 100

第四章
逆向生产

生产链路重构 / 117
C2B 定制化生产 / 123
范围经济 / 134
消费者逆向牵引 / 140
严选模式：新 ODM / 152
体验的阈值 / 159

第五章

供应链重构

S2b 赋能型共享经济体 / 173

供应链是一种算法 / 184

重构“人、货、场” / 194

第六章

全域营销

旧漏斗和新蜂巢 / 207

产品自传播 / 224

品效合一 / 232

营销科技流 / 240

后记 / 251

第一章

新零售时代

幕布掀起：新零售时代

2016 年 10 月，马云在阿里巴巴主办的全球云计算峰会（云栖大会）的演讲中提出“阿里巴巴几年后将不再提电子商务”，同时还提出了新零售、新制造、新金融、新技术、新能源的“五新”观点（见图 1.1）。会后，业界对此众说纷纭，既有包括董

图 1.1　2016 年全球云计算峰会（云栖大会）上的马云

资料来源：http：//www.imaijia.com/qt/8a0428995b5c3247015b5c32d2590030.shtml。

明珠、宗庆后在内的传统行业企业家对马云提出的“五新”观点很不以为意，认为其更像是新瓶装旧酒的套路，也有不少企业家和媒体意见领袖鼎力支持，称赞马云高瞻远瞩。一时间该新闻热度不断升级，新零售概念正式步入公众视野。

2017 年 3 月，阿里研究院重磅发布了《新零售研究报告》，对外界关心的新零售概念和方法论，首次进行了系统化的解读，进一步高举新零售的大旗。该报告框架宏大，结构清晰，观点鲜明，在业内掀起轩然大波，引发大家在微信朋友圈的各种刷屏和转发。随着讨论的深入和时间的推移，阿里巴巴新零售的观点得到越来越多的人的认可和支持。

2017 年 7 月，京东的刘强东发表了《第四次零售革命》的署名文章，提出第四次零售革命是建立在互联网电商基础上，又超越互联网的一次革命，零售业的游戏规则将被重新制定，无界零售成为新趋势。文中论述的观点和马云提的新零售大同小异，仅仅是表述不同而已。很明显，京东也加入了未来零售时代的标准抢夺中，用“无界零售”来取代阿里巴巴的新零售概念，并与腾讯联手推出了“京腾无界零售解决方案”。此外，小米、名创优品等企业也都纷纷提出了自己关于未来零售的理解和观点。至此，随着未来零售标准争夺战的爆发，也正式拉开了新零售时代的大幕。

得标准者得天下。阿里巴巴树立并捍卫了中国电商行业的标准，从而奠定了在中国零售领域不可动摇的扛旗地位。京东当年凭借着创新垂直 B2C（商对客，即直接面向消费者）模式异军突起，紧随其后，其他对手如美团、当当、唯品会、聚美等尽力追赶，也只能在细分领域敲敲边鼓，分点肉汤喝。

电商行业的标准和格局已成，但下一代零售行业标准的争夺，必将是一场席卷零售业界的大戏。阿里巴巴固然当仁不让，有腾讯支持的京东也必定希望弯道超车，还有众多线上线下的零售平台"虎视眈眈"，谁也不愿意在这场标准之战中沉默，哪怕失败，也肯定比被遗忘、没有存在感要强得多。历史告诉我们，最早树旗的不一定赢，上一个时代的王者在新时代也不一定赢，"王侯将相宁有种乎"？我们相信，在新零售时代，必定会有新的领袖级企业横空出世，也必定会有当下的明星企业走向没落。

诠释新零售

新零售标准之争，首先争的就是对新零售的定义，这不是一个学术问题，而是一个商业问题。定义得太宽泛和太模糊，则标准争夺失去商业意义，新零售变成了社会现象的统称；定义得越具体越清晰，一旦定义的标准被认可则收益巨大，就像当年雷军提出“专注、极致、快”的互联网思维概念，短时间内风靡全国，为小米和雷军赢得了巨大的关注度和褒奖。但越具体的定义肯定越容易被挑战、被质疑，一不小心就会自打自脸。不管是阿里巴巴还是京东或者其他企业，要想争夺新零售标准的王旗，必须要有原创、明晰、严谨的新零售观点，不仅仅要定义它是什么，更要有魄力定义它不是什么，并最终能经得起业界和公众的挑战和质疑。

新零售概念出现以来，很多零售领域从业者、投资人、媒体和专家根据自己的理解，都从不同角度诠释了新零售。在百度词条中，新零售概念被定义为“企业以互联网为依托，通过运用大数据、人工智能等先进技术手段，对商品的生产、流通与销售过程进行升级改造，进而重塑业态结构与生态圈，并对线上服务、线下体验以及现代物流进行深度融合的零售新模式”。率先提出新零售概念的阿里巴巴，在《新零售研究报告》中将新零售定义为以消费者体验为中心的数据驱动的泛零售形态，并从前台—中台—后台、人—货—场多角度进行了相对完整的表述和诠释。刘强东在《第四次零售革命》一文中指出，未来零售革命将是零售基础设施的革命，零售的基础设施将变得极其可塑化、智能化和协同化，推动“无界零售”时代的到来，实现成本、效率、体验的升级。此外，“有 A 就有 T”的腾讯在支持京东无界零售的基础上，也在 2017 年腾讯全球合作伙伴大会上提出了“智慧零售”的概念，以社群、数字化、体验为核心，以支付为原点，以“人”为中心，以大数据为驱动，帮助实体零售实现“降本提能”，拓展业务能力、耦合行业资源。

不管是新零售，还是未来零售，又或是无界零售，表述虽然不同，其共识却是显而易见的，都围绕着体验、数据、技术的革命性升级进行阐述（见图 1.2）。

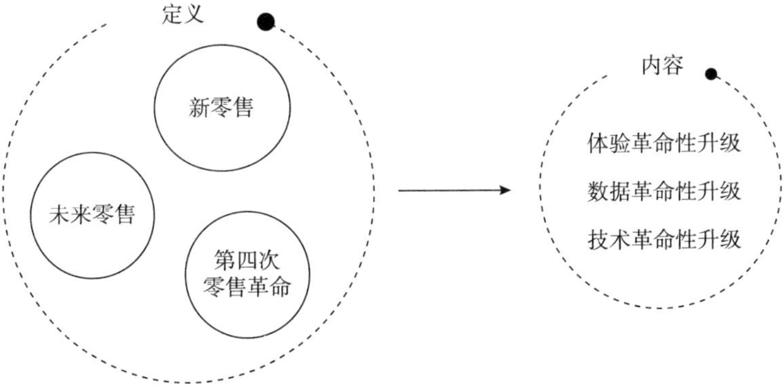

图 1.2　新零售定义及内容概览

新零售的核心是消费者体验的革新。传统线下门店零售中，消费者能身临其境，不管是购物环境、试用还是咨询服务，都拥有线上电商所缺乏的实景体验。而在电商平台，消费者足不出户，即有海量商品可供选择，性价比高，操作便利。电商平台还会根据消费者过往的购买行为智能推荐商品，在商品丰富性、购买便利性的体验上远超线下。在新零售时代，消费者的体验将会融合线上和线下购物的优点，既拥有线下购物的立体感和真实感，又拥有线上购物的丰富性和便利性，此外，享受到的服务会更加个性化和智能化（见图 1.3）。

消费者体验革新 = 线下实景体验 + 线上丰富便利 + 更个性智能化的服务

图 1.3　新零售体验的革新公式

新零售也是数据化运营的革新。在新零售时代，消费者体验升级的基础建立在商家对于消费者识别的精确度上升到前所未有的水平，使得商家更懂“你”，甚至比你更懂“你”，而不只是懂“你们”。从这个角度来看，新零售首先革新的是消费者行为数据采集系统，这是源头，没有足够全面和精细的消费者行为数据，再好的算法、再牛的大数据运算能力也无法做到真正的精确和个性化。

以往，消费者在线上购物时，平台可以收集到消费者的几乎全部购物行为数据，从浏览点击、收藏，到下单、快递等。随着我们的生活融入互联网的程度加深，除了购物信息，各类手机软件（App）还记录了我们的出行信息、餐饮信息、娱乐信息、旅游信息，甚至还包括金融信息、医疗信息和教育信息等。新零售时代的数据采集将更进一步，利用物联网和视频捕捉技术把消费者在实体商店的各种消费行为数据化，补上电子商务时代缺失的消费者线下行为数据。紧接着，数据采集系统革新最重要的一步，就是数据与数据之间的链接。一方面是线上数据之间的链接，即消费者在互联网世界的身份账号统一，这一点腾讯走在了最前面；另一方面是线上数据与线下数据的链接，即消费者真实身份和互联网身份的统一，这一点阿里巴巴领先一步。因为支付宝实行实名制，将我们和金融账户挂钩，并通过物流记录我们的物理地址，如果阿里巴巴把提供衣、食、住、行、文娱、医疗、教育服务的所有成员企业账号都打通，并将应用阿里巴巴新零售技术平台的实体商店的身份识别系统（人脸、虹膜等）与线上身份账号链接，再辅以人工智能大数据分析，那么消费者对于阿里巴巴平台而言基本是透明的，它会比你更了解“你”，不管是互联网世界的你还是真实世界的你。

新零售更是零售信息技术的革新。新零售是物理世界与数据世界融合的时代，阿里巴巴在新零售定义中所强化的“泛零售形态”，核心就是从“人—货—场”角度阐述物理数据二重性，即物理世界与数据世界的全方位融合。简单来说，人，即用户既是物理的又是数据的，人脸识别和生物识别技术将消费者的真实身份和互联网身份合二为一；货，即商品既是物理的又是数据的，通过物联网技术，实体商品同时成为数据化存在；场，即零售场所既是物理的又是数据的，未来，借助 AR/VR（虚拟现实技术）

等各种呈现手段，消费者在任何地方都可以身临其境地购物、体验和支付。从线上线下的数据采集和账号统一，到人—货—场大数据的分析与商业智能（BI）决策，再到消费者购物体验升级等，涉及零售信息技术软件、硬件全方位的革新，可以毫不夸张地说，脱离技术升级谈新零售就是耍无赖。

驱动力：消费升级、新流量经济转型与技术进步

究竟是什么因素驱动了新零售时代的来临？

首要的因素，是消费升级。近年来，我国经济从粗放式发展走向集约化发展，供给侧改革成为经济改革的主旋律，需求端的消费升级更在各种场合唱主角，成为零售商家规划未来的核心主题词。

消费升级，一般指消费结构的升级，是各类消费支出在消费总支出中的结构升级和层次提高，它直接反映了消费水平和发展趋势。改革开放以来，中国经历了三次消费升级，每一次消费升级，均对宏观经济产生了重大影响。第一次消费升级是在改革开放之初，粮食产品消费占比下降，轻工业产品消费上升，拉动了我国第一轮消费和经济增长。第二次消费升级出现在20世纪80年代末到90年代末，市场经济体制改革开启，中等收入群体崛起，家电消费掀起更新换代潮，拉动了国内第二轮经济增长。当前，中国正迎来第三次消费升级的浪潮，这次消费升级在2010年后开始启动，中产阶层的崛起、互联网的发展成为此轮消费升

级的核心原动力。中产阶层有着足够高的收入水平、有质量的消费品位以及较高层次的文化水平，互联网的发展极大地改变了人们的消费习惯和消费场景，商品的极大丰富使得物质消费呈现了边际效应递减的规律，这些因素聚合赋予这次消费升级新的内涵，体现在与物质消费相比，人们变得更注重自身精神层面的消费，即体验价值（见图 1.4）。

当下商品的价值评价标准 = 物质属性 + 体验价值

图 1.4　人们购买商品的价值评价标准

这种变化，直接影响了人们购买商品的价值评价标准。之前，物美价廉、性价比高是最重要的价值评价标准，品牌推广也是为了强化消费者的价值认知；当下，除了这些偏物质属性的必备评价标准外，体验价值被提升到前所未有的高度。这种评价标准的“升级”，对消费者而言则表现为愿意为实际物质价值以外的体验支付溢价，甚至把体验价值作为做出购买决定的最重要因素。这些体验大多是感性的，如酷炫感、美感、归属感等，近年来人们热议的网红经济、情怀经济就是基于消费者的这种感性体验而发展起来的。而对企业而言，商品性价比是基础，商品体验价值是未来竞争的关键，这就是为什么新零售首先是以消费者体验为核心的革新。

另一个驱动因素，是新流量经济转型。过去十年，中国电商的爆炸式增长，除了互联网发展和资本催熟的因素以外，线上较线下而言超低的获客成本也非常关键。低获客成本推动线上商品售价大幅下降，给消费者带来实惠，为商家赢得口碑，口碑传播又使获客成本进一步降低，再加上创新的营销推广方式，最终形成良性循环，造就了电商行业的“黄金十年”。

电商盛世的吸引力就像黑洞，吸引着无数企业和资本前赴后继地涌入电商行业，后来者为了弯道超车，各种补贴、各种活动层出不穷，流量和用户抢夺惨烈无比，线上流量成本直线提升，导致如今的商业环境，线上获取用户的平均成本已经接近甚至超过线下获取用户的成本。线上流量红利走向枯竭，电商企业向线下渗透，线下零售企业反攻线上，某种程度上，这和当年电商崛起时代线下零售企业向线上渗透，新兴电商企业逆袭线下的场景非常相似。不同的是，电商企业不会像之前传统零售企业一样被打得措手不及，而会主动求变，希望在新流量经济背景下继续引领零售行业，因此，在这个流量红利的拐点时刻，电商行业代表阿里巴巴推出物理世界与数据世界融合的新零售概念，并强调数据世界为核心驱动力的意图就再清晰不过了。

最后一个驱动因素，当然是技术的进步。不管是叫新零售、未来零售还是无界零售，作为划时代级的革新，归根到底还是以消费者体验的价值跃迁作为最主要标志，这种价值跃迁必须有足够的标识度，以区别过去或当下。以史为鉴，之前消费者体验的价值跃迁，要么是由技术进步所直接推动的，如互联网技术使得网上购物与门店购物相比，极大地提升了消费者对商品品类多样性和购物便利性的体验；要么是技术进步推动了核心零售流程（商品选择、购买、配送、使用流程等）的变革，增加了非传统的零售场景，让原来不经济的零售服务变得经济，如视频监控和防盗磁条技术，帮助自选超市重新定义了消费者选择和购买商品的流程，替代杂货铺成为零售主体，极大地提升了消费者的购物体验。最让人激动的价值跃迁，就是技术进步既直接提升消费者体验，同时又推动了核心零售流程的变革，这正是新零售时代的核心特征之一，AR、VR、空气投影等显示技术的发展，人脸、语音、虹膜等身份识别技术的发展，直接提升了消费者的购物体验；人工智能、大数据、物联网等技术的突破，将颠覆消费者购物全流程，甚至创造出新的零售物种，消费者体验可以上升到之前从未触及的全新境界。

第一性原理：物理数据二重性

第一性原理，这是个相对生僻的物理学术语，因为特斯拉（Tesla）的创始人埃隆·马斯克（Elon Musk）的大力推崇而引人关注，它的大致意思就是指从头算，只采用最基本的事实，然后根据事实推论。在特斯拉研发电池组案例中，早期有很多权威人士都说电池组真的很贵，每千瓦小时要烧掉 600 美元，而且未来价格下降的空间也有限。在这种思路的影响下，电池组在很长时间内都没有获得改进，也没能降低生产成本。但马斯克和工程师不信邪，他们从第一性原理出发，研究电池的材料构成和这些材料的现货市场价值。他们想，如果去伦敦金属交易所购买这些金属材料，然后把这些材料分解一下，那么这些组成电池组的材料每种又值多少钱呢？马斯克在接受媒体采访中说，他将电池组分解成最基础的材料组成部分，其中有碳、镍、铝及其他用于分离的聚合物，还有一个盒子，这些是形成一块电池的最基本的元素。在这里，每个部分都可以优化、改进，最终的优化程度也取决于解决问题的这些人的聪明才智。于是，现在电池的价格就变成了每千瓦小时 80 美元（见图 1.5）。

图 1.5　第一性原理示意

在波澜壮阔的新零售浪潮中，不管从科技角度、消费场景角度、零售物种角度还是商业模式角度来看，都有太多未知且复杂、新鲜且精彩的内容，但正如特斯拉研发电池组的例子，新零售时代的第一性原理是什么，能让我们把它作为最基本的事实基础，推论出整个新零售时代的磅礴世界呢?

毫无疑问，我们认为新零售时代的第一性原理就是物理数据二重性。物理数据二重性，就是指在新零售时代，人—消费者、货—商品、场—零售场所，既是物理的也是数据的。这句话简单且深刻，它就像经济学中的“看不见的手”，默默影响、推动和改变着新零售时代其他的现象和规律（见图 1.6）。

物理数据二重性将彻底改变零售行业的游戏规则和竞争要素。物理世界和数据世界的融合不是最近才发生的，也不是新零售时代所特有的，但伴随着新零售概念的推广，零售行业物理世界和数据世界的融合得以加速推进，在未来不久将达到融合的拐点，从而量变引发质变，使得数据世界的规律和法则可以同时在物理世界生效，并成为新零售时代的核心法则。

之前，零售数据化虽然很受重视，但相对线上来说，线下零

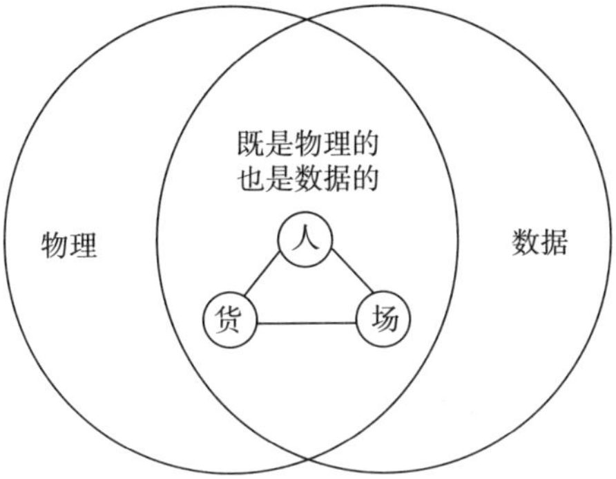

图 1.6　物理数据二重性

售数据，包括人、货、场的零售行为数据是不充分、不完整的，而且，因为消费者线上零售和线下零售行为的不关联，所以零售的物理世界和数据世界是相对割裂的，零售数据呈现“孤岛”窘境。线上线下零售数据的不完整、不关联，导致信息输入不够准确，再强的大数据能力、再强的智能算法都无用武之地。如今，在 BAT（该词由国内 3 家主要互联网公司的首字母拼合而成，B 代表百度，A 代表阿里巴巴，T 代表腾讯）等巨头孜孜不倦的布局下，它们的业务从原来单一的搜索平台、商务平台或社交平台延伸，覆盖了大众衣食住行、吃喝玩乐的全领域，正所谓业务拓展到哪里，数据就互通到哪里。再加上线下身份识别、物联网技术的飞速进步，线上线下人、货、场的融合变得越来越具有现实性。到了完全融合的时候，就是物理数据二重性真正实现的时刻，就是数据孤岛消失的时刻，也是新零售时代走向成熟的时刻，更是数据世界的规律和法则大放异彩的时刻（见图 1.7）。

要想赢在新零售时代，就必须要洞察数据世界的核心规律和

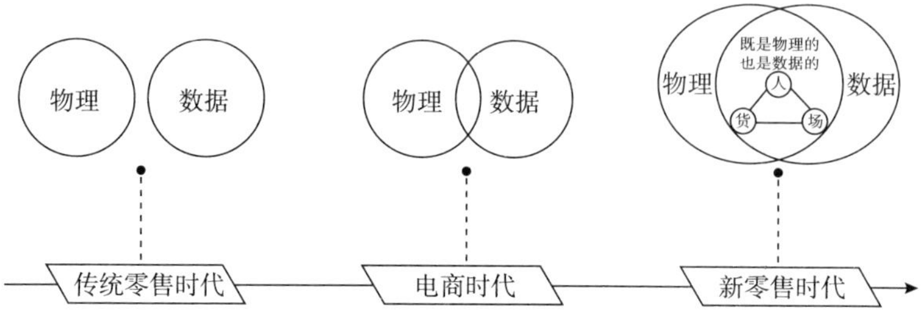

图 1.7　物理数据二重性规律

竞争法则。数据世界由数据、算力和算法构成，数据包括线上线下的零售数据以及高效采集、存储数据的技术，算力就是计算能力，算法代表着用系统的方法解决问题的策略机制。数据是资产，是竞争门槛，线上线下数据的完整性是新零售时代成熟与否的重要标志，企业拥有人、货、场零售数据的量级，决定了它是哪个层级的玩家；算力是基础，是实力保障，数据量级、颗粒度水平、算法复杂度等对计算能力的要求有天壤之别，缺乏计算能力，拥有海量的数据也只是小马拉大车，无法充分发挥数据的作用；算法是关键，如何在海量的零售数据中洞察每位消费者的行为习惯，洞察不同商品的发展趋势，洞察不同零售场景的效率，并做出快速、准确的商业决策，这是未来新零售商家的核心竞争力之所在（见图 1.8）。值得关注的是，大数据技术、人工智能算法、量子计算技术等在最近几年都有突破性进展，我们预感，1+1+1>3，技术爆炸时代将要到来，它会为新零售时代插上腾飞的翅膀。

所以，新零售时代的竞争，本质上就是在物理数据二重性背景下，数据能力、计算能力和算法能力的竞争。不管是 BAT，还

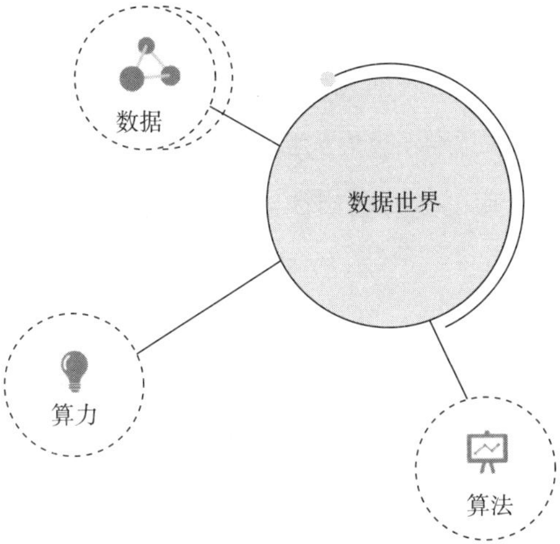

图 1.8　数据世界的构成

是小米、京东，抑或传统零售大商等，谁家的零售数据量级更大、计算能力更强悍、算法更优秀，谁就可能在新零售时代占据先机，成就伟业。那么，是不是指零售行业的 4P［产品（Product）、价格（Price）、渠道（Place）、推广（Promotion）］不重要了呢？不再是关键竞争要素了呢？当然不是。恰恰相反，新零售时代的数据、计算和算法能力，就是为了更高效、更精确地在恰当的时机和场所，用恰当的价格，满足消费者内心体验的推广方案，为消费者提供所需的个性化商品。

在新零售时代，物理数据二重性对应人、货、场的典型应用，就是数据化消费者、商品内容化和泛零售场景。数据化消费者比较容易理解，就像网络游戏的人物有各种属性，属性的内涵以不同的数值来界定，使得每个人物的差异通过数据清晰地区分出来，每一个个体既是有血有肉的生物生命，也是被数据化赋值的数字生命。消费者数据化将新零售时代的市场策略颗粒度从“人群”细化到“个体”，大大提升了零售行业的服务多样性和决策精度，蚂蚁金服的芝麻信用体系就是数据化消费者的摸索和尝试（见图1.9）。

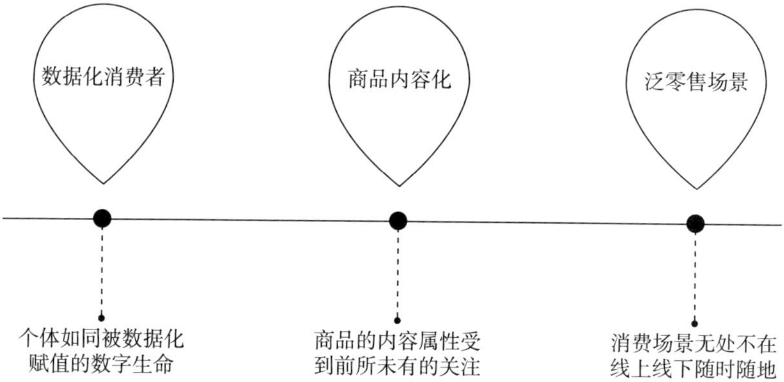

图1.9　新零售时代人、货、场对应的3个典型应用

商品内容化是新零售时代的核心特征之一。一直以来，消费者认知的商品等于产品+服务，而在新零售时代，商品内涵大大延伸，除了产品和服务外，因为与消费者体验的密切关系，商品的内容属性受到前所未有的关注。商品内容化是物理数据二重性的典型应用，不同于以往的品牌标语或宣传理念，它更具个性化，作为商品的一部分而不是品牌推广的手段。近年声名鹊起的白酒品牌“江小白”、在杭州地铁站引爆评论界的网易云音乐，虽然应用手法非常简单粗放，但也让我们初步见识了商品内容化的威力。

泛零售场景是指消费场景无处不在，线上线下随时随地。这对现有零售业态的冲击是巨大的。过去十年里，早期电商企业凭借远低于线下的定价策略、可以满足长尾消费者的丰富的商品选择、便利灵活的购物流程而赢得爆炸式增长，线下零售商家节节败退；而近年来，醒悟过来的线下商家开始反击，通过黄金地段布局、富有设计感的购物环境、体验式营销服务慢慢收回失地，消费者也基于个人体验偏好逐渐被分化。但在新零售时代，虚拟现实、人工智能等技术的发展和人、货、场的数据化，使得消费者在线上零售平台能够部分感知类似实体商店的购物环境和营销服务体验，这带来的最直接的变化就是消费者将购买决策前置，在线上平台完成初步筛选甚至购买，而实体商店在新零售时代的体验升级更多是为了促成销售、交付商品和客户忠诚。消费者购买决策的前置，严重削弱了传统零售行业成功的重要法则之一——黄金地段法则的效果，取而代之的是数据世界的搜索引擎优化（SEO）、社群运营和事件营销。其实，泛零售场景的影响已经在某些行业凸显了，例如电影院，以前最重要的是地段，所有的电影院都建在最好的地段、最好的购物商场里，因为那时看电影基本都是现场排队，所以人流量越大，院线就越火爆。但随着在线票务平台的发展，消费者购买决策前置，现在的观众基本都是在网上先订好地点、订好场次、订好位置，然后去电影院观影，因而院线黄金地段的价值一直被削弱。按这个趋势再发展下去，可能会有那么一天，如果某黄金地段的院线没加入在线票务平台，那么它对消费者来说就是隐形的、不存在的，多可悲呀！

新零售的产业链

毫无疑问，不管是主动转型还是被动转型，不管是真新零售还是“挂羊头卖狗肉”，在新零售概念的风口下，各类新零售机构一定会像雨后春笋一样涌现出来，鱼龙混杂，难辨真伪。当然，严格来说新零售也无所谓真假，就像买古董一样，开发票的时候明细一栏都是写着工艺品，至于是不是你想要的，那就要看眼力了。正所谓“假作真时真亦假，无为有处有还无”。

但是，既然要谈到新零售产业链，总不能太过模糊而失去指导意义。因此，基于新零售的定义和第一性原理，我们提出了三条“专注”法则：第一，专注于推动物理和数据世界的融合；第二，专注于促进线下和线上体验的融合；第三，专注于丰富无时、无处、无地的购物场景。只要符合三条法则中的一条，那么它就应该属于新零售，反之则不是。

依赖三大法则，我们可以甄别新零售机构，并进一步剖析理清新零售产业链的环节构成。具体而言，我们认为新零售产业链由八大细分领域组成，分别是数据采集与应用、消费场景技术、智能支付、商品增强、全域营销、智能供应链、零售管理系统及新零售咨询/培训解决方案服务，由此衍生出八类新零售机构。

第一类，是提供数据采集与应用服务的新零售机构。重点是线下人、货、场的零售数据采集和应用，如针对消费者的生物识别技术、针对商品的无线射频识别（RFID）等物联网技术、针对零售场所的动线触点扫描等，并进一步进行数据分析、挖掘和应用。

第二类，是提供消费场景技术服务的新零售机构。重点是围绕零售场所的商品选择和商品购买流程的体验升级技术。如应用虚拟现实技术的智能试衣、人工智能零售导购机器人等。

第三类，是提供智能支付技术服务的新零售机构。这是目前发展最迅速的新零售领域。从扫码识别、无线射频识别到基于生物特征的人脸识别、语音掌纹识别等，商家竭尽全力为消费者提供自然、无感的支付体验。

第四类，是提供商品增强服务的新零售机构。商品增强是指包括商品内容化在内的一系列扩展商品体验维度、增强商品体验效果的手段。目前内容化电商、品牌 IP 化（具象化）、淘宝直播等都有不少新兴机构提供专业服务。

第五类，是提供全域营销服务的新零售机构。全域营销，即整合各类可触达的消费者的渠道资源，建立全链路、精准、高效、可衡量的跨屏渠道营销体系。这个领域既包括以阿里巴巴为代表的综合型大平台，也包括专注于某一类服务的营销技术公司。

第六类，是提供智能供应链服务的新零售机构。典型的有

S2b 模式——大平台或专业第三方 SaaS（软件即服务）平台赋能小商户。此外，生产制造端的大规模个性化定制也存在整体方案解决服务商。

第七类，是提供零售管理系统服务的新零售机构。这个领域相对成熟，为零售企业提供整合的客户管理、渠道管理、商品管理、销售管理等前后台系统平台服务。

第八类，是提供新零售咨询/培训解决方案服务的新零售机构。既包括新零售的转型咨询、数据化咨询等综合性咨询，也包括内容电商代运营、店面升级等专项咨询。同时符合新零售要求的人才能力培养也是必不可少的支撑环节。专业的咨询机构是新零售生态的重要组成部分，能够帮助企业缩短摸索时间，拉平与行业先进水平的差距。

新零售是时代级机会，必将培育出划时代的新零售品牌，而其所衍生的新零售产业链细分领域，也将迎来重大发展机遇；此外，细分领域机构的发展，又将衍化出层出不穷的新零售业态和新零售物种，如无人便利店、无人货架等。这是一个螺旋式生长的过程，更是良性发展的生态。

新零售的野望

中国电商的兴起，造就了阿里巴巴、小米、京东等电商巨头，诞生了数以百万计的电商商家，创造出数以千万计的工作岗位，服务了十多亿的消费者，给我们的经济生活带来了巨大的、不可磨灭的改变。那么，新零售时代的到来，将会给社会、行业和广大消费者带来怎样的改变呢？

新型的夫妻杂货店很可能是新零售时代最大的亮点之一。以往，夫妻店最大的劣势，一是进货量小导致进货成本高，二是只能凭借经验选择商品和数量，容易积压库存。但就算如此，历经自选超市、连锁便利店、电商平台等一次次零售业态创新的洗礼，看起来落后的夫妻杂货店仍然艰难且顽强地存活下来了，遍布城市的角落。而在新零售时代，由于有亲近社区、经营灵活、决策简单的优点，夫妻杂货店被阿里巴巴、京东这些大企业视为被低估的优质资产，对之加以改造和升级后，成为它们角逐新零售线下市场的重要筹码。

我们以备受关注的天猫小店（见图 1.10）为例，畅想一下新零售时代新型夫妻杂货店的未来。在未来的某一天，阿里巴巴实

图 1.10　天猫小店

资料来源：http：//36kr. com/p/5101805. html。

现了阿里系线上账号和用户线下真实身份的互通，天猫小店接入了阿里巴巴的新零售标准，包括人脸识别设备、生物特征支付等硬件设备，也包括人、货、场的零售大数据和云计算平台，那么，可以想象，因为支付宝绑定了家庭住址和真实身份，天猫小店能够从后台知道自己所覆盖的小区的用户买过什么商品、喜欢什么品牌、看什么电影、开什么车等涉及衣食住行的大量数据，系统基于大数据分析可以对天猫小店的进货商品品类、品牌、数量和定价进行推荐，然后将这些数据汇总到阿里巴巴供应链平台，向上游供应商集中采购，并通过菜鸟物流网络进行配送和分发。如此这般，天猫小店的进货成本大大降低，对消费者需求的把握极度精准，并保留了之前经营灵活、亲近用户的优点，它们对传统的超级市场和连锁便利店无疑是降维攻击，必将势不可当。

大型购物中心（Shopping Mall）也将被重新定义。现在的大型购物中心，是基于黄金地段法则的产物，里面的商铺基础设施，除了收银系统外，也就是通电、通网而已。但在新零售时代，购物中心的零售基础设施会有革命性的升级，每个商铺都将接入购物中心的新零售平台，包括硬件、软件整套新零售解决方案。这有点像政府园区的招商引资，早些年“三通一平”① 就是很好的配套了，现在可能是“六通一平”②，还辅以各种各样的政策扶持和增值服务。首先，商铺的人脸、虹膜识别设备和动线监控设备要有，能让商家第一时间识别消费者，并实时记录消费者在商铺的购物行为和动线。其次，基于人工智能和大数据的 BI 系统也是要有的，能根据用户的全网消费行为做出动线布局、商品动销、市场促销等建议。再次，与商品系统联通的智能试衣设备和智能零售机器人可能也会有，让消费者除了在实体商店有限的选择以外，还能通过线上平台选购商家的全系列商品。最后，无人支付系统一定要有。这样一来，新零售购物中心既是物理的，也是数据的，如果某品牌的新零售购物中心拥有强大的数据能力、计算能力和算法能力，用户体验必然极大提升，商家坪效必然大幅增长，也必然拉高购物中心的零售基础设备门槛，导致行业迅速洗牌。

这样的改变还会有很多，新零售时代就像一张白纸，等待各路英雄尽情挥毫。下面的章节，我们也会更详细地从人、货、场、前台、中台、后台等不同角度展望新零售的进化历程。

① 水通、电通、路通和场地平整。

② 路通、上水通、下水通、电通、讯通、燃气通和场地平整。

第二章

商品的算法

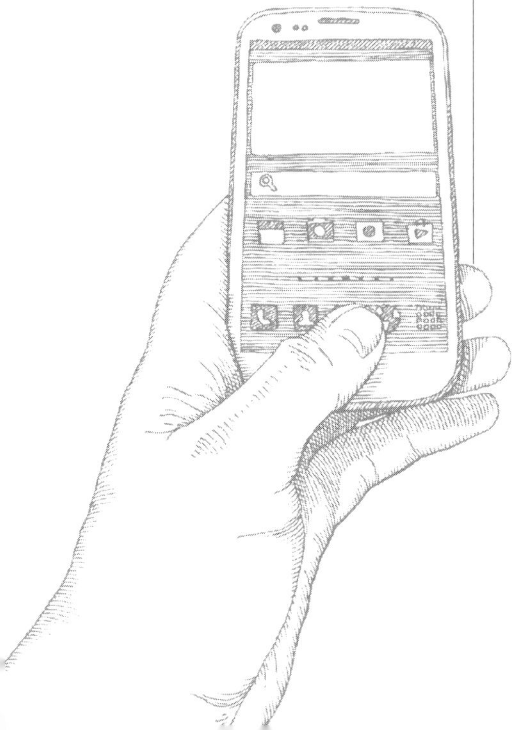

商品评价体系的变化

商品是零售的基石。在商品丰富程度突破人类想象能力的今天，我们对于商品的认知也越来越多样。如果随机采访路人："什么样的商品才是好商品？"大家给出的答案想必十分有趣。商品介绍的关键词其实就能很好地反映出人们对于商品评价标准的变化。

假设你是一位在陪女朋友逛街的男士，闲极无聊瞥见化妆品的宣传海报。比如图 2.1 所示的这款"斩男色"的唇膏，身为男友的你是不是想破脑袋也不理解这到底是什么颜色？一款唇膏的好坏，不再仅是关乎它的材质、设计和价格，更在于它能否帮助女性消费者"斩"下心仪的男生，这是多么直抒胸臆的评价方式啊！

回想一下很多年前，我们对于商品的评价是什么？总结起来就 4 个字——"物美价廉"。人人心中都有一杆秤，恨不得像经济学家一样把单位价格能获得的价值边际清晰地表示出来。那个时代的消费者更加符合经济学人的假设。"物美价廉"拆开来看，"价廉"是标准的、可量化的，"物美"在商品选择余

图 2.1　美妆心得中分享的“斩男色”唇膏

资料来源：http：//www. sohu. com/a/125518564_571692。

地不够充分的时代也是比较好量化的，主要就是围绕基础的功能属性（见图 2.2）。

$$\boxed{\text{物美价廉}} = \frac{\text{商品带来的价值（物美）}}{\text{商品的价值（价廉）}}$$

图 2.2　商品的评价体系：物美价廉

随着商品经济的发展，消费者可选择的商品种类极大丰富了。“物美”的定义维度开始朝着见仁见智的方向发展，由客观向主观过渡。评价的内容既包括商品本身，也包括服务，不仅考虑功能性的部分，也考虑其他非功能性的部分，比如品牌、身份认同等。因为维度的多元化，很难统一商品的评价体系。由此带来的是广告行业的“井喷”。从零售行业的角度来看，所有零售商品都迫切需要向消费者传递价值、解释价值。消费者接收到的价值，才是真正的“物美”，所以定位理论在这个时期非常有市场，而且确实好用。尤其是在较难客观评价功能性的商品类别里，“解释”显得尤其重要，可能100分的“物美”评价中，70分是由解释获得的，化妆品、保健品、快消品就是其中的典型代表。

多元化的评价体系也带来一个问题，消费者无法评价，缺乏参考系，从而导致消费者得反过来通过价格来评价商品，“一分价钱一分货”“贵的自然有贵的道理”。在定位理论之后，定价理论再次发挥奇效。不少海外品牌在进入中国市场时敏锐地觉察到了价格的逆向引导作用，把原本针对大众的产品，巧妙包装、重新定位给中产以上阶层，如哈根达斯。

到了零售电商化的阶段，电商要解决的核心问题就包括统一评价体系。很少有人从这个角度解读电商，但商品评价体系是零售行业乃至整个商品社会的核心规则，电商也是属于零售行业，所以它也一定适用评价体系这一规则。回顾一下，我们是如何在网上购物的？首先输入商品名称的关键词，比如“T恤”，选择品牌、款式，然后将整齐排列的商品挨个点开挑选。商品详情页面一定不厌其烦、图文并茂地把商品的每个特征、细节、优点都展示出来，比线下商场里的要详细很多。最后我们还不会忘记看看其他顾客的评价。为什么电商要在标注商品名称时列一长串的关键词，要仔细地贴好商品的标签，要请文案和美工把商品的特征和优点罗列好，要在乎每一个好评、消灭每一个差评？因为电商时代的评价体系，就是由标签、特征介绍和消费者投票反馈共同构成的，失去了这个评价体系，消费者就无从选择。标签，对应功能性基础属性，帮助消费者迅速找到满足需求的商品大类。特征介绍，解构商品，把商品各个维度的优点以简单高效有序的方式快速解释给消费者，帮助不同诉求的消费者找到购买的理由。消费者反馈投票更是电商时代的一大进步，把难以量化的“物美”属性以粗糙的方式实现了量化。这样的评价体系对于处于正态分布中间位置的大众来说，已经足够好用了（见图2.3）。

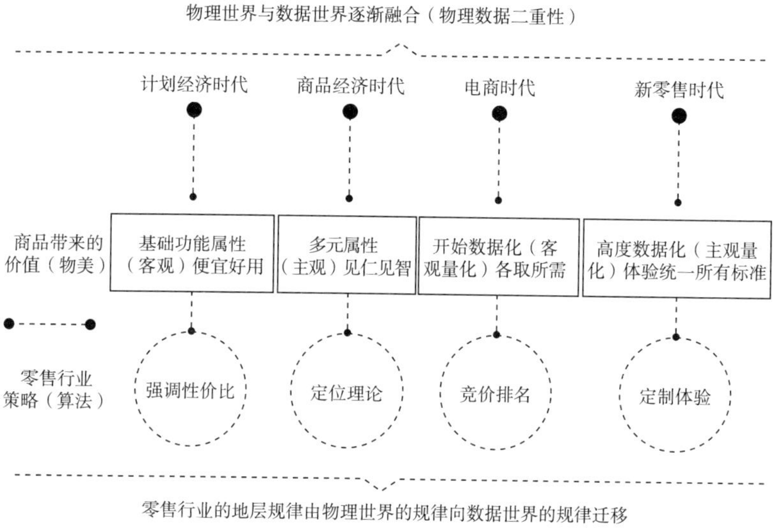

图2.3　商品评价体系的变化规律

从“零售第一定律”的角度观察，电商时代，商品部分物理属性开始数据化，数据化了以后，“物美”这一不可量化的属性开始可量化了。这就使电视、广播广告黄金时代，由信息不对称带来的评价体系混乱、任人解读的局面得到缓解，零售行业逐步向商品和服务增值回归，不能再以想办法榨取信息不对称的方式获取溢价了。但同时也可以看到，由于“数据物理二重性”体现得不够彻底，还有大量的属性无法数据化，评价体系还是存在多个维度，虽不至于混乱，但仍未统一。不同维度量化的数据不同，导致电商时代核心竞争力是对评价体系的解读和操控能力。比如，代运营公司非常熟悉各种直通车、竞价排名的规则，可以利用好这些规则，把次优的产品推到最优的位置。

阿里研究院关于新零售的报告中，提到“以心为本，以消费者体验为中心，无限逼近消费者内心需求”，体验被放到了最核心的位置，无限逼近消费者内心需求的体验既是愿景也是目标。现在如果再问消费者“什么是好的商品”，“体验好”是高频答案，也是万能答案。打造至极体验已经被无数的企业奉为安身立命之本。

体验可以作为评价体系的量化指标吗？阿里研究院是这么来分析的，参见图 2. 4。

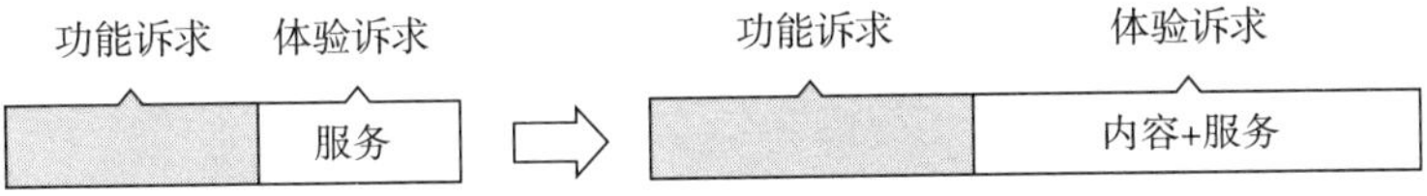

图 2. 4　阿里研究院关于体验的描述

资料来源：阿里研究院，《C 时代，新零售——阿里研究院新零售研究报告》。

产品包括功能诉求和体验诉求两部分，体验诉求又包括服务以及新零售时代单独提出的内容两部分。在这一点上我认为阿里研究报告的观点还稍显保守。在新零售时代，体验是唯一的终极评价标准，真正实现了对评价体系的大统一。

功能、内容、服务统一于体验

简单地运用反例法分析，商品属性按照功能、内容、服务三大类划分。内容和服务明显可以用体验进行评价，那么功能就不行吗？很难解释那么多手机厂商、智能硬件厂商要打造满足用户内心需求的极致体验，显然，要实现这样一种目标，他们不是通过内容和服务，而是通过功能本身。可以预计的是，商品的三个要素——功能、服务、内容在新零售时代都将统一于体验。

以“江小白”白酒为例。重庆江小白酒业有限公司生产的“江小白”系列白酒，在2016年直接“杀入”了年轻人的聚会中，开始引领潮流。其实，很多喝过“江小白”的人说过，“江小白”的口感并没有他们喝过的其他同等档次的白酒好，在醇香度上还是有很大欠缺的。在产品质量无法从白酒市场脱颖而出时，究竟是什么原因让年轻人选择了这款并不怎么好喝的酒呢？答案其实很简单——体验。

江小白酒业的人说他们是生产“情绪饮料”的。在官网上，赫然写着这么一段简介：“江小白提倡直面青春的情绪，不回避、不惧怕。与其让情绪煎熬压抑，不如任其释放。”

很明显的是，江小白的宣传稳准狠地击中了年轻客户群体的内心。

在产品定位打开年轻人群体市场的同时，江小白又添加了一点“佐料”——温情主义情怀。在互联网普及，各种聊天软件数不胜数的情况下，人与人见面社交的机会越来越少，而江小白号召放下手机暂别网络，与朋友重新在现实中进行社交，不要让网络完全占据了生活。虽然这个营销的点很普通、很大众，但江小白重申了自己的营销逻辑，在提出释放情绪的基础上，进一步强调社交回归。

在满足了年轻人释放情绪、增加社交的心理需求后，为了更好的体验，江小白的广告语完全是根据年轻人的语言喜好进行设计的。例如，“你心里想念的人，坐在你的对面，你却在看你的手机”“世上最遥远的距离，是碰了杯，却碰不到心”“青春不朽，喝杯小酒”，这些广告语都有情绪的碎片化表述的特点（见图2.5）。

图2.5　江小白表达瓶

资料来源：http：//www.jianshu.com/p/31a4aeccc07e。

有人说江小白的成功是营销的成功。透过营销文案的表面现象，可以看到其对于产品功能、内容和服务的深刻理解是新零售思维转化的过程。

比如，针对群体自我认同和表达的欲望，江小白推出与“同道大叔”联名的“十二星座”限量版。瓶身上是同道大叔团队绘制的不同星座图案及对应文案。“爱吃爱钱”的金牛座瓶身上写的是：你若发达了，别忘了毕业聚餐时你欠我的老醋花生（见图2.6）。“霸道总裁”狮子座瓶身上写的是：本王特烦两种人，一种是不赴我约的人，另一种是和我抢着买单的人。在江小白看来，消费者同时也是内容的生产者，满足表达欲望就是内容。

图2.6 江小白“十二星座”限量版

资料来源：http：//www.jiemian.com/article/1459369.html。

针对企业团建，还推出了江小白拾人饮——一款非常夸张的2 000毫升装，引发消费者争先恐后与之合影，分享微信朋友圈，其内容引爆自传播。国内创新创业浪潮风起云涌，企业部门团建潜在的需求被敏锐地捕捉到。这款产品定位为“团队建设管理用酒”，帮助团队“打鸡血”。产品设计围绕团建的痛点，主打清淡型白酒，创造微醺的氛围和热络的团建体验，功能和内容配合得十分默契。江小白在开发布会的时候经常举例提道，三只松鼠每年采购几百件拾人饮产品，用来庆祝在当年“双十一”取得的好成绩（见图2.7）。更多的企业看到了产品的场景体验对团队氛围的促进作用，从而刺激了它们的消费。

图2.7　江小白拾人饮三只松鼠定制款

资料来源：http：//www.sohu.com/a/125562329_377088。

从江小白的案例可以看出，在功能上不具有优势的产品之所以能逆袭，不仅仅是因为它精准定位了客户群体，对客户群体的生存状态、经济收入、心理诉求等有相当成熟的研究，更重要的是它让年轻人在喝这款酒时产生了强烈的情感认同，满足了他们渴望表达自我和见面社交的心理需求。在人的心理认知资源越来越有限的今天，太复杂的维度不容易被消费者记忆，当功能、内容、服务被统一到体验上，就极大限度地节约了认知成本。一句体验好，可以囊括所有心头好。说到底，江小白的成功是“体验”以最低成本、最高效率占据消费者心智的过程。

满足需求与创造体验

谈到体验，不得不提需求。我们经常可以听到这样的产品心得：把握消费者需求，创造极致体验。那么满足需求和创造体验究竟有什么区别？满足需求是有止境的，而创造体验是无止境的。有人说，需求也是无止境的，这是因为他错误理解了一个概念，新需求是无止境的，而原有的需求是有止境的。当满足了一个需求之后会产生新的需求，要通过新的方式去满足。而体验本身就是无止境的，不需要产生新的体验，原有的体验就没有止境（见图 2.8）。

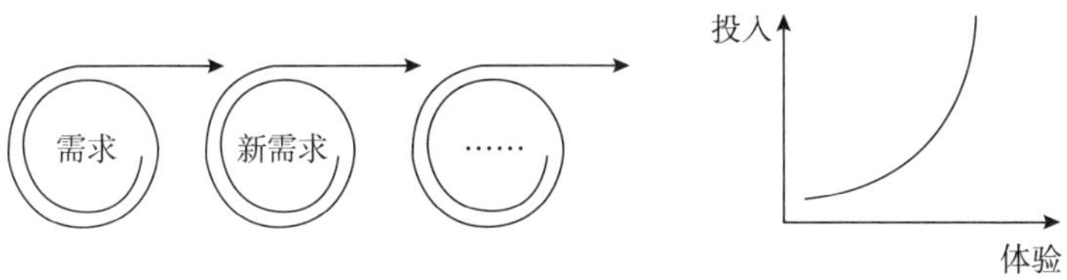

图 2.8　需求有止境而体验无止境

满足需求和创造体验分别对应两种思维方式。需求对应产品经理的思维，体验对应工匠思维。而这两种思维都盛行于互联网行业和被上一波互联网思维洗礼过的传统行业。不同的是，产品经理有强烈的大局观，知道在资源受限的情况下如何抓住主要矛盾，解决大部分人的痛点和刚需，然后再应用互联网思维中的快速迭代来进行优化和升级。而工匠不同，真正的工匠思维或是具有较高境界的工匠精神是不计成本的，以追求极致的态度对自己的产品精雕细琢，满足自己远远高于普通用户的体验要求和审美情趣。

这两种思维在内核上有一定矛盾的地方。追求极致就很难兼顾成本，考虑大局就得牺牲细节，这是简单的道理。但是我们接触到的信息中似乎两者经常同时被提起。原因是企业对内往往倡导产品经理思维，而对外向消费者宣传的时候又会强调自己的工匠思维，满足消费者希望用合适的价格买到极致的产品的需求。

在新零售商业环境下，体验被放到前所未有的高度上，产品思维是否会逐渐被工匠思维替代？企业是否都应该向追求极致体验发展？一本传统的商业读物可能会告诉你，应该用辩证的眼光来看，把工匠思维的极致体验与产品思维的效率相结合。从算法的视角来看，我们提出不同的观点，用具体的模型来解决方法论的问题。

第一个模型，长短期风险模型（见图 2.9）。简单来说，产品经理思维短期风险低，长期风险高；工匠思维短期风险高，长期风险低。而新零售环境将进一步提高产品经理思维的长期风险，降低工匠思维的短期风险。

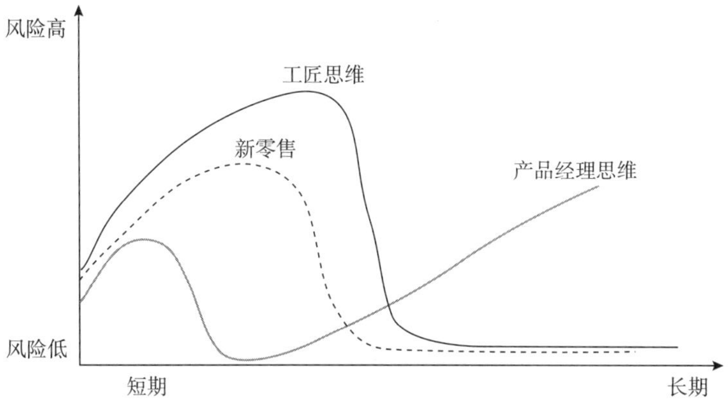

图 2.9　长短期风险模型

产品经理思维通过敏捷迭代，抓大放小，不断地降低项目的不确定性，一旦结果不理想就迅速调整方向重新开始，从短期来看，做成具有商业价值的产品成功率比较高。而工匠思维短期风险不可控，投入大量成本，收益的不确定性特别高，但是到了某个临界点，产品被市场认可之后，风险又会迅速降低，在很长一段时间内维持高的竞争壁垒。同时，产品经理思维因为习惯在用户认知范围内找刚需，缺乏突破认知边界的探索经验，容易流于平庸，长期来看被替代的风险会越来越高。

当然，客观来看，每个企业对于风险的承受能力和耐心是不同的，因此不存在最佳路径，只有适合的路径。

从博弈角度来看，新兴行业产品经理思维占据优势，市面上缺乏工匠思维的竞品。等到行业经过长时间的优胜劣汰之后，博弈进入均衡。这种博弈策略可以用即时战略类游戏来类比推演。你可以选择快速暴兵，以快打慢，前期占尽优势，后期再着手转型；也可以选择发展科技，扛过前期痛苦的发展环境，等到高级兵种出来以后，降维打击对手。

零售行业是一个古老的行业，市场中本来就存在大量的工匠思维型玩家，擅长产品经理思维的互联网公司低估了传统行业对手们的实力，也是上一波互联网思维和O2O（线上到线下）热潮无法完全颠覆行业的原因之一。在新零售的物理数据融合的大背景下，产品经理思维捕捉刚需和计算投入产出比的能力会逐渐被人工智能所学会，并作为工具提供给行业内的每一个参与者。而工匠思维的创造能力短时间无法被人工智能替代，所以新零售会拉平工匠思维的风险曲线，让其以更低的风险、更短的时间进入优势区间。

在这一过程中，新零售其他的算法会对工匠思维的优势持续加成，加成效应明显。这里需要引入第二个模型——长尾模型（见图2.10）。事实上，长尾理论十多年前就提出来了，提出者是《连线》杂志主编克里斯·安德森（Chris Anderson）。

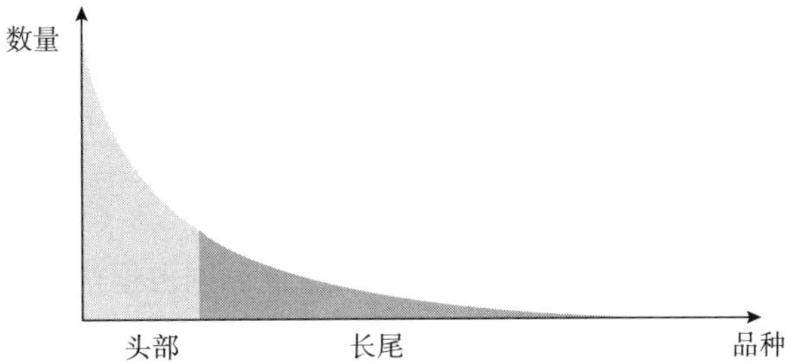

图2.10　长尾模型

举例来说，我们常用的汉字实际上不多，但因出现频次高，所以这些为数不多的汉字占据了图 2.10 的浅色区域；绝大部分的汉字难得一用，它们就属于那长长的深色尾巴。克里斯认为，只要存储和流通的渠道足够大，需求不旺或销量不佳的产品共同占据的市场份额就可以和那些数量不多的热卖品所占据的市场份额相匹敌，甚至更大。[①]

在新零售的环境下，所谓的需求不旺、销量不佳都是伪命题。要找到对应的细分人群，创造符合特定人群内心需求的体验。个性化的长尾需求放在主流人群中或许属于需求不旺，但放在细分人群中，购买率和复购率则可能高得惊人。

梁敏在淘宝网经营一家大码模特经纪公司。专门为“微胖”界的服饰店主提供广告代言人。“大码市场用户精准、回购率高，发展空间非常大。”这是她对于该市场最直接的评价。目前做得好的大码模特已经可以达到日薪万元。

在日本，体重 100 千克、照片墙（Instagram）粉丝超过 700 万的日本搞笑艺人渡边直美推出了个人品牌 PUNYUS[②]，提供最大码为 6L 的时尚女装，成立仅 1 年 4 个月就在东京开设了 3 家门店，销售额同比增长 200%（见图 2.11）。

在规模化生产时代，个性化的需求无论是在数量上、实现技术难度上，都不可能进行准确把握和区别对待，更谈不上符

---

① 资料来源：MBA 智库，长尾理论，http://wiki.mbalib.com/wiki/长尾理论。

② 资料来源：36 氪，渡边直美的个人品牌 PUNYUS，http://36kr.com/p/5105650.html。

图 2.11　渡边直美（左一）的个人品牌 PUNYUS

资料来源：http：//www. myzaker. com/article/5a209a789490cbb274000018。

合经济规律，也无法产生利润。需求的逻辑还是抓住正态分布的中间，即主流人群的需求，战略性地放弃正态分布两侧的边缘需求。

新零售的到来，所有零售主体、商品、消费者、场景都高度数据化，数据与数据之间相互关联，并通过商业智能技术准确分析识别，正态分布变成了长尾分布，满足大部分需求的人群分类方式变成了无限逼近消费者内心的体验分类方式。在每个体验细分类别中，消费者会更有意愿为哪怕只有很细微的体验提升而支付他认为合理的溢价（见图 2. 12）。

当然，我们这里提到的是零售领域中的成熟市场，比如快速消费品、服饰、电子产品等。而对于技术主导创新领域，比如无人零售、智慧店面来说，结果刚好相反，产品经理思维会大放异彩，敏捷迭代会持续创造新物种、新奇迹。

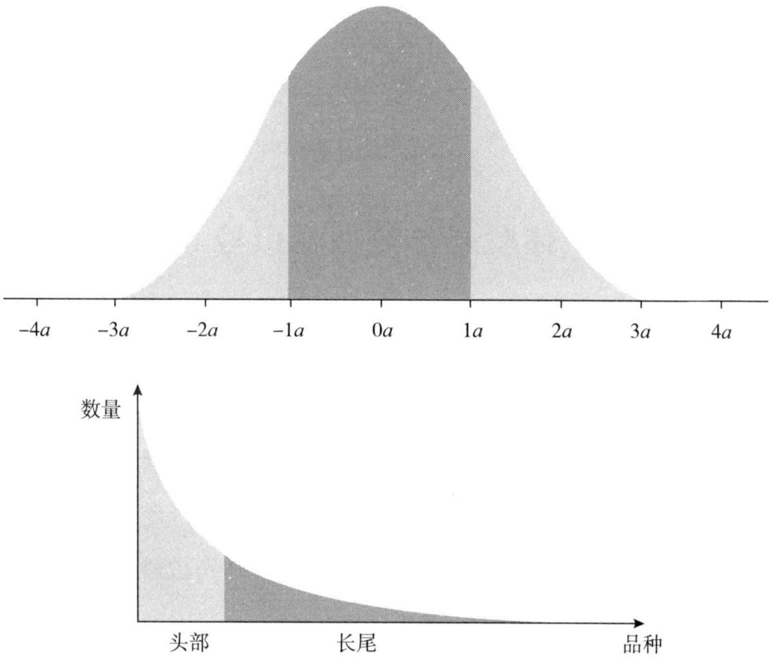

图 2. 12　正态分布模型与长尾分布模型对比

体验并不是喊喊口号

体验是新零售时代的大统一式评价指标。研究者在 2016 年曾对美国、欧洲、澳大利亚等地的零售行业做过调查研究，高达 82% 的顾客在经历了一次糟糕的购物体验之后不再选择同样的公司，相同的研究，2014 年的数据是 76% 。从中可以看出，体验在消费决策行为中占据的地位越来越高。①

重视体验被反复提了很多年，但这一次真的不是喊喊口号而已，从业者已经真刀真枪地付诸行动了。例如，3C［即电脑（Computer）、通信（Communication）和消费性电子（Consumer Electronic）的统称］新零售体验馆——ZOL 科技生活馆（见图 2.13）。

相比普通的 3C 卖场，ZOL 科技生活馆特点鲜明。

1. 店铺无员工

ZOL 科技生活馆的卖场部分采用全店无人值守方式，卖场入口有总服务台，两侧是带闸机的出入口，首次进门要注册 ZOL 科

① 资料来源：KPCB，《2017 互联网趋势》，kpcb. com/InternetTrends。

图 2.13　ZOL 生活馆外部

资料来源：http：//news. zol. com. cn/649/6491261. html。

技生活馆会员，然后通过微信公众号获得“开门”二维码，在闸机上扫码后即可进入馆内。ZOL 科技生活馆全店分为手机、数码影像、DIY（自己动手制作）、PC（个人计算机）网络办公、智能家居、汽车 6 个独立展区。

2. 沉浸式体验

在重点产品体验区，消费者既可亲自体验产品，又能通过每个展品上方的专属触控液晶屏幕，了解产品的详细资料、产品评测、本地售后网点以及消费者评价等信息，还可以通过扫描屏幕上的二维码购买商品。针对强体验产品，提供独立的使用场景及环境（耳机、影像、虚拟现实、智能家居），确保用户的完美体验效果。针对不习惯人机交互的消费者，每个展台上都有视频交互系统，可以呼叫远程人工客服，以保证各类人群的体验质量（见图 2. 14）。

图 2.14　ZOL 生活馆内部

资料来源：http：//news. zol. com. cn/649/6491261. html。

3. 多样化的交易平台

产品体验好，下一步就进入购买环节了。ZOL 科技生活馆的交易体验也既开放又自由，下单时可以根据个人喜好选择不同的交易对象（ZOL 官网商城、京东、天猫旗舰店、厂商授权的本地渠道商家等），商品配送方式也十分多样（普通快递、同城急速达、场馆自提等）。

4. 完备的体验配套设施

体验场馆还只是基础设施，ZOL 科技生活馆的配套设施可以为消费者提供立体的全方位的体验。配套设施包括但不限于为厂商服务的 O2O 智能共享仓库、共享售后及维修区域，以及为消费者服务的共享自提柜、共享书吧、共享咖啡厅、24 小时科技生活真人秀体验区。

有人说，这个体验馆和阿里巴巴的无人超市差不多。它们的确很像，但是 ZOL 科技生活馆更完备。

ZOL 科技生活馆比无人超市的消费体验更好，多了高效专属客服、应用体验环境、高效售后、清晰图文详解的体验。相信随着新零售更进一步的发展，这类 3C 新零售体验馆会出现遍地开花的盛况。

有人会问：如果体验是大统一的评价指标，那么价格怎么办？不是“物美价廉”吗？那么“物美”是不是还要除以一个价格，来体现新零售时代的“性价比”呢？

答案是：不需要。因为体验是主观的，是个性的，消费者愿意为之支付的价格也是各不相同的。为什么外国游客愿意支付相当于本地人数倍的门票价格来观赏泰姬陵？“千金难买心头好”，总有人愿意以他们觉得合理的价格来购买商品所代表的体验。这样的交易模式在原来是很难实现的，但随着物理世界和数据世界的融合，任何人在任何地方、任何时间都可以准确地发现适合自己的交易。

回想阿里研究院对于新零售的定义：以消费者体验为中心的数据驱动的泛零售形态。关于数据驱动，我们在零售第一定律中做过解释，泛零售在后续章节会进行介绍。这里要谈的是“以消费者体验为中心”。这几年“体验经济”非常火热，翻翻商业畅销书，哪一本不是在谈体验的重要性？但 100 个零售业主有 100 种所谓的提升体验的方式，从这个角度来说，“以消费者体验为中心”是最空洞、最不具有指引性的结论了，这和“顾客是上帝”的口号没有太大的区别（见图 2. 15）。

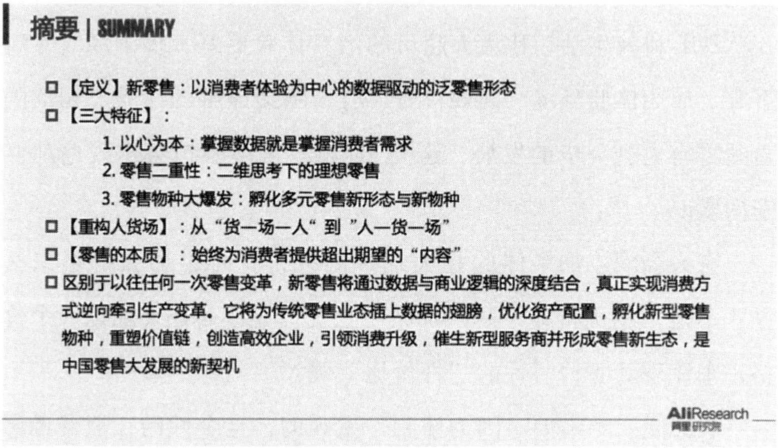

图 2. 15　新零售定义

资料来源：阿里研究院新零售报告。

除了马云，还有一个人也想引领零售变革的大旗，这个人就是刘强东。2017 年 7 月，刘强东在《财经》杂志发表署名文章《第四次零售革命》，提出了“第四次零售革命”的概念。他认为，从零售历史来看，今天所面临的变革和过去相比并没有什么特别，对零售业来说，变革常在、创新常在，在未来 10 年到 20 年，零售业将迎来第四次零售革命。

刘强东认为技术赋能时代即将到来：“即将到来的智能商业时代赋予我们全新的能力去改造零售业和零售基础设施。必须要强调的是：我们所说的是超越于互联网时代的技术。互联网可以有效连接起分散的顾客、产品和消费场景，但很难实现协同。而智能商业的协同是建立在‘3个I’的基础上：感知（Instrumented）、互联（Interconnected）、智能（Intelligent）。”

他还表示：“在即将到来的第四次零售革命中，智能技术会驱动整个零售系统的资金、商品和信息流动不断优化，在供应端提高效率、降低成本，在需求端实现‘比你懂你’‘随处随想’‘所见即得’的体验升级。未来零售基础设施会变得极其可塑化、智能化、协同化。”

其实，他提出的概念并不新鲜，甚至可以说和马云提出的“新零售”类似，换汤不换药。但这是一个很强的信号，意味着刘强东并不甘心马云一家独大抢得零售先机，只是他这个信号发送得有点晚。

到这里，我们总结一下：前面几个小节提供了一个理解视角，即从评价体系演变的角度来讨论商品，分析对比需求和体验需求的不同，以及其背后对应产品经理思维和工匠思维在算法上的差异。在物理数据二重性的影响下，消费人群分类模式将逐渐由正态分布向长尾分布转变，多维度的商品评价体系将逐渐统一到体验，甚至连价格也将成为体验的一个维度。同一件商品对于不同人群的体验价值也会有巨大的差异，其愿意支付的成本也相去甚远，这是新零售在商品维度的趋势。

从产品到产品组合

以体验作为唯一评价体系的新零售时代，一件商品可以被分为3个部分：功能部分，即使用价值的部分，一般来说是看得见摸得着的；内容部分，即产品承载的信息和价值部分；服务部分，即消费者同零售主体的互动部分。

从最基础的功能部分来看。我们观察一下周围的零售产品有哪些变化趋势。是否有更高的品质？“处女座”“强迫症”成为时尚品质标签。是否有更高的颜值？不好看怎么发朋友圈？是否能更个性化？最好这是独此一份的，全世界都在打听我是从哪里搞来的“尖货”。

这些趋势其实从电商时代就开始了。电商时代的热词是“爆款”。商品在某一方面特别突出就有可能成为“爆款”。我们可以理解爆款的逻辑是将单一产品打造到极致。市场上总会涌现出不计其数的新产品，以满足消费者不断变化的新需求。

小米的雷军认为，爆款就意味着流量，就意味着口碑，就意味着销售额，就意味着效率。所以怎么做出爆款是互联网时代里最重要的事情。因为在有限的媒体上无穷无尽的信息是高度冗余的，如果商品无法成为爆款，根本无法吸引消费者的注意力。小米系的产品都希望打造线下和线上的爆款，小米之家的坪效比达到了 27 万元/平方米，仅次于苹果，全球排名第二，4.5 倍于优衣库，6 倍于海底捞，6.7 倍于星巴克。在雷军看来，电商也是新零售的一种，而“新零售”的本质就是高效率，“如果传统零售业能做到电商的效率的话，那这个世界会变得更美好”。

随着消费的进一步升级，一些爆款完成了对竞争对手的“双杀”。在新零售时代，消费者还会继续追捧“爆款”吗？站在现在看未来不是一件简单的事情，我们很容易被惯性思维束缚想象力。20 世纪 90 年代的科幻片里，时空机器、宇宙飞船上充斥着各种按钮，通信装置还需要通过线路连接，而现在的科幻电影中，清一色的透明屏幕、虚拟现实投影。我们总是容易从现有的技术出发来预测未来，但未来的发展可能和我们设想的完全不同。

有一个逻辑方法叫作极端假设法，就是把趋势推到极致看看会发生什么，从而将问题简化处理，得出答案。比如，假设斜面足够光滑，完全没有阻力；假设所有人都是绝对理性的经济学人。在产品未来发展趋势的问题上，我们也可以采用这种方法。

假设在商品极度不丰富的时期，所有人对于商品的偏好都是一致的，只要求最基本的功能。一台电风扇只要求能够稳定地工作，甚至连换挡、转向这些功能都不需要。而另一个极端，假设在未来，每一个人对于商品的偏好都各不相同，还是以类电风扇需求的纳凉风力发生机器为例（原谅我写得如此绕口，未来是否有电风扇还是未知数），可以尽情发挥想象，有的要带各种类型风力模式的，有的要智能到可以同主人对话的，有的要能自带产生巴厘岛、爱琴海等各地不同气味的，总之需求相差非常大。那么，商品的生产者会面临什么问题，消费者不再是一群一群的了，而是高度分散的，极端来看可能是一个一个的，既不能只满足一个消费者的需求，也没有可能生产一个大而全的产品满足所有人的需求，怎么办？

继续说刚才提到的小米之家，其坪效是国内领先的零售店的20倍，在世界范围内也仅次于苹果的实体零售店。小米之家成功的核心是什么？雷军总结道："合适的产品组合。"他还说："从零售角度讲，如果店里只卖手机，这是一个低频应用，两年来一回。这就意味着我要砸非常多的市场费用，意味着整个销售效率很低。"而小米长期以来丰富的产品品类为其"合适的产品组合"提供了强大的基础。

另外，乐高（LEGO）也是一个很好的例子（见图2.16）。

图2.16　乐高组合玩具

资料来源：http：//www.dashangu.com/postimg_318059.html。

当单一品种的玩具没法满足小朋友的需求时，乐高提供的就是玩具组合的最基本单元。理论上，如果不限制乐高积木块的数量，就有无穷无尽的组合可能，所以直到现在乐高还是经久不衰。1998 年，乐高推出了乐高机器人（Lego Mindstorms），集合了可编程主机、电动马达、传感器。现在，乐高类产品融入了更多的虚拟现实技术，已经超越了玩具范畴，成了快速建模的工具。

产品组合的无限可能不仅体现在物理世界，虚拟产品同样如此。Minecraft 是一款益智类的沙盒游戏，中文名称是“我的世界”（见图 2. 17）。

图 2. 17　《我的世界》游戏封面配图

资料来源：https：//www. 25pp. com/news/news_57275. html。

《我的世界》最初在 2009 年由马库斯 · 阿列克谢 · 泊松（Markus Alexej Persson）创建，后来由 Mojang AB 公司（直译为小工具有限公司）开发并发行，并于 2014 年被微软公司以 25 亿美元的天价收购。[①] 截至2017年，《我的世界》的销量已经超过1亿份，成为最畅销的PC游戏和史上第二款发行量破亿的电子游戏，每月在全平台有超过4 000万活跃玩家。《我的世界》深受世界各地不同年龄段的冒险家的喜爱。没有华丽的游戏界面，没有丰富的游戏设计，《我的世界》用看似粗糙的36种基块让玩家构建他们梦想的世界，无论是建造简单质朴的小屋，还是拔天倚地的城堡，玩家可以尽情地在虚拟世界里发挥想象力。尤其是其中一种叫作红石的模块，可以构建电路，用基础的物理原理构建实验装置。有玩家用红石电路在游戏中搭建了一台计算机，并用这台计算机开发了新的小游戏，令人惊叹不已（见图2.18）。

图2.18　《我的世界》游戏场景

资料来源：https：//www.25pp.com/news/news_57275.html。

① 资料来源：Read138，《MC创新课程班居然教孩子玩游戏？MIT已将它纳入教材》，https：//www.read138.com/archives/203/g80d4xopc6qrht5z/。

总的来说，当个性化需求高度分化，大数据技术又足够强大到可以分析每个消费者的需求时，新的产品形态将更多地以产品组合的形式存在。综合型的产品越来越少，个性化产品功能的模块越来越多，消费者通过产品组合的方式构建无限逼近自己内心需求的产品。

配方的价值

随着消费者个性化需求的空前高涨，未来零售行业在产品形态方面最大的变化是：产品组合将取代单一产品，成为满足消费者的销售单元。在赛百味（Subway）买一个三明治，可以选择的面包有白面包、全麦包、奶酪包、蜂蜜燕麦包4种，尺寸有6寸和12寸两种，肉类配料有香肠、火鸡肉、牛肉等至少15种，蔬菜有生菜、西红柿、酸黄瓜等至少8种，调味酱又有至少8种，那么请问赛百味一共有多少种三明治产品呢？

为了计算方便，我们不妨按照大部分人的思路，只选择一种肉类，加全部蔬菜，这样就会有960（4×2×15×8）种选择。如果选择两种肉类，同时还有一种蔬菜不加，就会有53 760［4×2×（15×14/2）×8×8］种。如果还考虑加两种或两种以上酱的情况、加某几种蔬菜的情况，那么产品组合的数目是惊人的（见图2.19）。

这个例子的意义在于，未来零售行业越来越多的产品会像赛百味三明治这样来销售。这里的“销售”我们不要单纯地认为是销售同一家公司的产品，这只是一种情况，可以预见的更多的情况是销售不同生产商、品牌商的产品。如“番茄片”和“洋葱

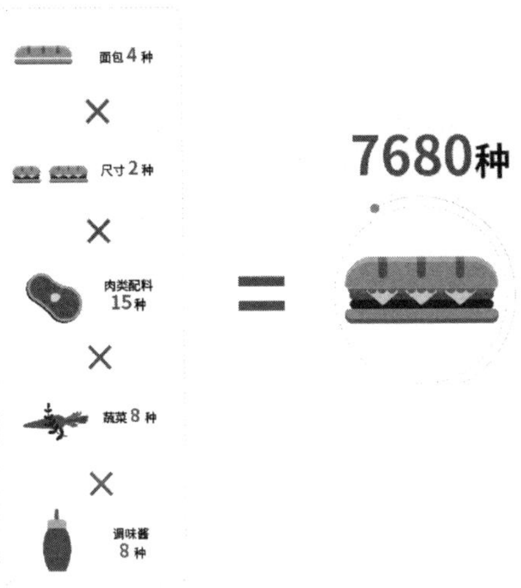

图 2.19　赛百味三明治种类计算示意

圈”对应的是不同的品牌主。

“罗辑思维”经常被作为知识型经济的典型案例，其定位为知识服务商和运营商，旗下产品包括微信公众订阅号、知识类脱口秀视频节目《罗辑思维》等。2015 年 12 月，“罗辑思维”推出“得到”App（见图 2.20），定位为内容付费型产品。截至 2017 年 3 月 5 日，“得到”App 总用户数超过 558 万人，日均活跃用户数超过 45 万人，专栏累计销售 144 万份，专栏周打开率为 63.1%，专栏日打开率为 29.3%。其中刘润、李笑来、薛兆丰等专栏均超过 10 万订阅量，按照 199 元/年的定价，这些专栏的营收贡献在 2 000 万元以上[①]。

① 资料来源：腾讯科技，《罗辑思维旗下 App 得到公布用户数：已超过 558 万人》，http://tech.qq.com/a/20170308/032953.htm?pgv_ref=aio2015_hao123news。

图 2.20 “得到”专栏手机截屏

资料来源：“得到”App。

此外，“得到”App 中还提供电子书、“每天听本书”读书音频等产品。其中有一个产品的名字叫作“系列”。打开“系列”，里面是“得到”专栏最受欢迎的明星讲师们推荐的书单。比如图 2.20 中“李笑来为你精选的 6 本好书”分别是：《穷查理宝典》《逆转》《演讲的力量》《怪诞行为学》《清醒思考的艺术》《明智行动的艺术》。李笑来在“得到”中的专栏叫作“通往财富自由之路”，以下摘取小段专栏简介：

> 在通往财务自由的路上，人人都至少有一次机会。而多数人却不能最终实现，因为他们忽略了很多概念，甚至还存

在错误的认识。比如成长、学习、知识、安全感、注意力、投资等。

对比其推荐的书不难发现，书单的线索和重心与专栏的核心思想和知识范畴是一致的。李笑来的书单并没有具体的主题词，仅叫作“李笑来为你精选的6本好书”。而书单“薛兆丰在‘得到’看什么”则是另一种思路。“直接获得高手的学习搭配”里列举了3种已经在“得到”App上架，同时被薛兆丰学习过的书：《乌合之众》《美国种族简史》《施蒂格勒自传》。

亚马逊是目前世界上最大的纸质和电子书籍零售商。我们不妨就从书籍零售这个案例来对比产品和产品组合的零售方式。

从定价上来看，“得到”的定价比亚马逊高（见图2.21）。从阅读体验上看，“得到”通过App内置阅读，亚马逊则通过Kindle（电子书阅读器）硬件和手机上的Kindle App直接阅读，亚马逊还是略胜一筹。

虽然目前暂时还看不到“得到”电子书的销售数据，而且“得到”主要的赢利点在专栏上，但是在电子书零售这样信息高度对称的品类中，同质化产品居然敢在定价上高出这么多，同时还有一定的消费市场，产品组合的生命力可见一斑。假设两者的价格相差不远，相信会有大部分“得到”的用户愿意从“得到”上购买电子书。从“得到”上按照老师提供的知识配方购买知识消费品——电子书，组合成为提升特定能力的“知识营养品”，

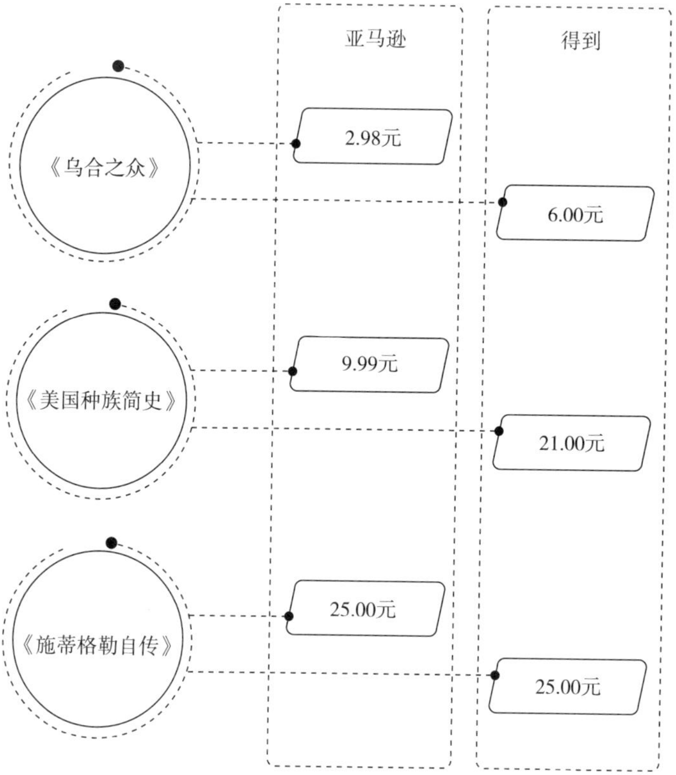

图 2.21　亚马逊与“得到”的定价对比

这和听人介绍一本书不错，然后在亚马逊上搜索并购买的体验是完全不同的。

如果说产品组合是新零售时代产品的核心，那么配方就是产品组合的核心。书单对于“得到”电子书来说是配方。“得到”专栏老师薛兆丰在专栏中构建的知识体系，也是“得到”专栏出售的知识的配方。

配方有什么特点？

1. 配方有针对性

回到产品组合的初衷，就是解决个性化需求问题。如果产品组合的核心配方还是一个针对所有消费者群体的模式，那么配方就失去了意义，可以直接作为产品的属性固化到产品本身。“得到”针对的人群是愿意支付费用获得知识的人群，如果“得到”的配方是统一的，对所有人推荐相同的内容，把所有老师的专栏打包在一起、所有的书籍打包在一起，采取按月订购的方式，这显然是不符合消费者需求的，体验也很糟糕。因为有的消费者希望学习经济学，有的希望了解商业社会的原理，有的希望提升文化素养，他们可以根据需求选择不同的专栏、不同的书单。如果仔细学习专栏我们可以发现，专栏本身之所以比同样知识内容的教材、语音、视频更有吸引力，是因为它也是按照配方的模式，将原有的知识内容重现、拆解、串讲，梳理底层逻辑关系。所以我们说专栏本身销售的既是知识也是知识配方。

2. 配方有优劣之分

配方的另一个属性是，它是具有优劣之分的。很多人在思考产品组合以及配方时容易有的一个思维定式是，既然针对不同消费者的产品组合不同，那么产品组合只有偏好之分，没有所谓的优劣。我们把产品组合的方式形象地称为“配方”，正是因为配方有优劣之分，好的配方才能更好地满足消费者的需求。在“得到”的案例中，我们为什么要选择名家的书单，因为他们的书单在理论上能使消费者更高效地掌握一个领域的知识。

永旺（AEON）超市广州珠江新城店是这样布置意大利面产品组合的。米面货架附近有一个专门的堆头，放着某品牌的意大利面，以及搭配的某品牌番茄酱。经过多次对比，我个人发现，这样搭配应该是有所考虑的，因为这两款产品的搭配对于刚刚尝试做意大利面的新手来说是最容易做好的，意大利面煮的时间比较好掌握，番茄酱也不需要再添加其他调味料，当然如果能加上新手推荐标识会更好。如果你是一个意大利面烹饪的高手，这个组合就显得太小儿科了，这样的产品组合对你来说并不是最优的。

“下厨房”App是国内知名的菜谱查询、食材搜索类手机应用软件（见图2.22）。

当你在“下厨房”App上搜索某款菜品的做法时，比如意大利面，在原料栏下面有一个“一键买齐”按钮，点开之后，所有类型的食材都有相应的推荐产品。这是一次对于“配方”再形象不过的解释了。

3. 配方与内容强相关

在介绍新零售产品的特征时，我们提到产品可以分为功能、内容、服务3个方面。而产品本身功能部分的大趋势就是从单一产品功能转向产品组合功能。作为产品组合的核心，配方承担的另一个重要职责就是串联功能和内容。内容需要有大量的视角和维

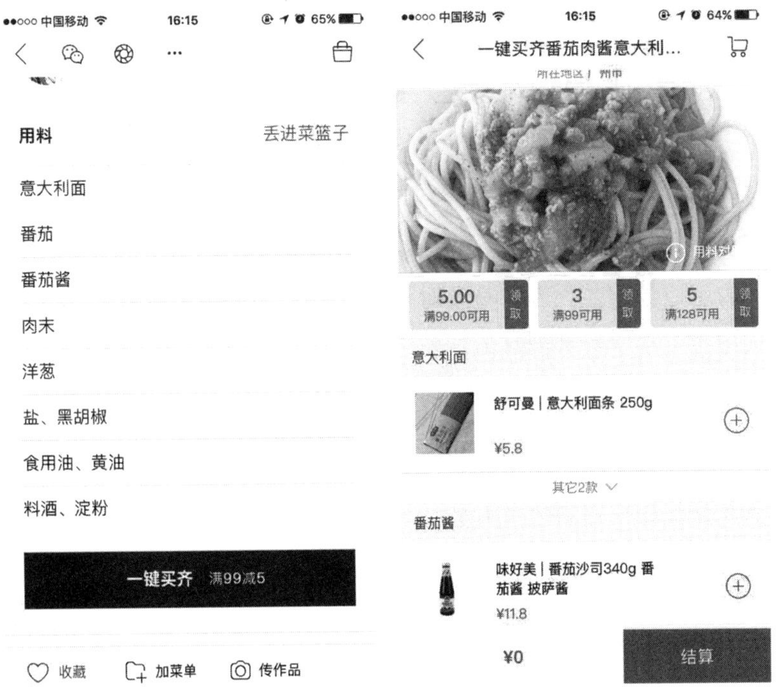

图 2.22　“下厨房”App 手机截屏

资料来源：“下厨房” App。

度。聚焦于单一产品的功能，产品内容可能是像下面这个例子中介绍的这样。一加手机是国内用户体验小有口碑的手机品牌。在它的官网上，我们看到了关于电池、相机、处理器、材质等各个方面细致入微的介绍，并配有极具视觉冲击力的图片。

> 一加 3T 的电池容量达到 3 400 毫安时，配备好到用上就离不开的 Dash 极速闪充技术，充电一小会儿，玩上大半天。

粗略观察以上的文字，可供产生内容的关键词在 10 个左右，可供描述的内容也限于对产品特有属性的介绍。如果要将其称为内容，独立于产品和服务之外似乎还有些勉强。

还是用“下厨房”和永旺超市的例子来做说明。每个菜式都对应不同的食材商品组合，每个菜式也可以对应不同的场景主题，无论是母亲节特辑，还是夏日自制酸奶妙招，有无穷无尽的内容可以挖掘。内容本身就对消费者有特定的价值和吸引力，而不仅仅是为了推荐产品而存在。这也是接下来我们会提到的新零售时代定义的内容与传统营销内容的区别。

概括来看，产品组合的核心是配方。配方因个性化而生，为个性化服务，它的数量不是一个也不是几个，而是足够多的。在众多的配方中，对于特定人群来说，一定有优劣之分。最高效、最能满足特定人群需求的配方才是好配方。最后，配方因其数量众多，维度各异，为产品内容属性提供了丰富的素材来源，成为新零售时代连接产品功能和内容的线索。

无缝衔接、随时待命的服务

介绍完产品的功能属性在新零售时代的变化趋势，我们再把视线聚焦到服务上。一般来说，提到服务时，大多数人想到的是客户服务，无论是销售过程中的亲切服务还是售后咨询的耐心解答，无论是电话语音还是网络沟通，服务本身被看成是商品的附属。于是有人提出：最好的服务，是不需要服务，是“润物细无声”的服务。这个观点有其合理性，如果服务确实是商品的附属和补充，那么最好的办法是商品本身的体验足够好，尤其是零售行业，购买的过程中消费者就享受到了商品带来的优质体验，不需要额外的补充服务。如果便利店里经常有人问：吸管在哪里？哪怕每次店员都热情友好地告知，也不如把吸管的位置重新摆放在更显眼的地方好。如果天猫店的客服经常收到商品尺寸、材质方面的咨询，也很可能是因为商品描述页面相关内容的介绍含糊不清，而及时修改商品详情页面会比不厌其烦地解答疑问更有效果。

同样，以汽车零售业为例，即使没买过车，大家也知道去4S店［即以“四位一体”为核心的汽车特许经营模式，“4S”指的是整车销售（Sale）、零配件（Sparepart）、售后服务（Service）、信息反馈（Survey）］买车到底有多麻烦，不仅周期长，体验也不是特别好。然后新零售体验店就应运而生了。早前苏宁的汽车超市，已让4S店措手不及。2017年7月26日，在一年一度的“天猫汽车嘉年华”上，天猫汽车发布了一则汽车自动售卖机的概念视频，天猫汽车超市的口号是：“终结被4S店压榨的日子，实现汽车新零售”。

“天猫开新车”刚刚上线12个月，就已经获得了不少消费者的认可，通过“天猫开新车”业务，在“618”期间，以“弹个车”汽车旗舰店为例，3天内有超过350万用户进店看车，用户使用融资租赁服务购买了1 106辆车，相当于单个4S店1年的销量。玛莎拉蒂限量版SUV（运动型多用途汽车）在天猫首发时，18秒卖出100辆。同门品牌阿尔法·罗密欧（Alfa Romeo）在天猫旗舰店正式上线，仅用了33秒350台Giulia Milano便销售一空。

“天猫汽车自动售卖机”外形酷似立体车库，在这里，没有一个销售员，也没有一个服务员，更没有一个收银员。购买流程非常有创意：买车人可先通过汽车自动售卖机提供的自助机验证身份和挑选车型。身份认证之后，芝麻信用750分以上的用户直接审核通过。然后只需要在App上进行一成首付、支付宝缴月供简单两个步骤就能实现线上买车，非常方便。用手机在天猫上下单，用支付宝完成付款，从无人汽车店提车走人，全部流程只需20分钟，一切公开透明，没有后顾之忧。

随着天猫汽车新零售项目的推进，原本消费决策周期最长的大件商品汽车，也在线上迎来全新的发展期，不得不说，好的服务体验是消费者愿意买单的最强动力。

Amazon Go（亚马逊无人便利店）的出现，简直就是这种观点的最好注解。作为一家没有收银员服务的超市，Amazon Go 颠覆传统便利店、超市的运营模式，使用计算机视觉、深度学习以及传感器融合等技术，彻底跳过传统收银结账的过程。顾客只需下载 Amazon Go 的 App，在商店入口扫码成功后，便可进入商店开始购物。Amazon Go 的传感器会计算顾客有效的购物行为，并在顾客离开商店后，自动根据顾客的消费情况在亚马逊账户上结账收费。[①] 虽然现在 Amazon Go 还在尝试阶段，只在美国西雅图开设了一家，但我们依稀可以看到未来零售行业服务的美妙前景（见图 2.23）。

图 2.23　Amazon Go 购物场景

资料来源：https：//www. amazon. com/b？ node = 16008589011。

---

① 资料来源：钛媒体，《没有收银员的 Amazon Go，也许不是你想象的那样》，http：//tech. 163. com/17/0127/11/CBPKNVRT00097U7T. html。

而在大洋彼岸的中国，零售行业服务正以一种新的形态蓬勃发展。根据易观预测，2017 年，中国 SaaS 客服市场交易规模将增长至680 亿元，截至2015 年年底，国内注册有大型企业 25 万家、中型企业 350 万家、小型企业 150 万家以及微型企业1 500万家，它们对客服的需求旺盛而迫切。另外是因为客服工作变得越来越重要。一份来自 Zendesk 的统计报告显示：78% 的受访者将客户服务列为影响供应商信誉的第一要素；62% 的 B2B（商家对商家）用户和42% 的 B2C（商家对消费者）用户在享受到好的客户体验后会购买更多的产品；66% 的 B2B 用户和 52% 的 B2C 用户在遭遇糟糕的客户服务互动后会停止购买产品；88% 的用户在购买决策时受到网络评论的影响……在市场竞争白热化的态势下，企业销售的不再单单是产品，用户更加在意与产品配套的客户服务。①

SaaS 客服市场的高速发展说明了什么问题？首先，说明服务的重要性得到市场的教育和反馈，只有企业主感觉到客服体验升级的重要性，才愿意花钱购买专业的客服平台。其次，说明国内的客服行业已经由粗放式向精细化、平台化转变，而且这个过程远比我们想象的要快。

按照产品、内容、服务的划分，服务不仅仅包括客户服务，还包括作为商品的一部分销售的服务。比如，我们从便利店购买

---

① 资料来源：虎嗅，《人人都在说 SaaS 热，客服领域里的 SaaS 巨头可能长什么样呢》，https：//www. huxiu. com/article/143306/1. html。

了一份热腾腾的鲜肉包。鲜肉包是当天早上统一配送的袋装速冻早点，经过店员放在专门的早点加热装置中热好，再售卖给我们的。同样的速冻鲜肉包，我们也可以在超市买到，而且价格更便宜。但我们愿意以更高价格从便利店购买热好的鲜肉包，其实是在购买具有快捷便利体验的加热服务。又比如，我们在星巴克点了一杯红茶，拿到手的是一杯用立顿茶包冲泡好的茶饮。红茶的价格远高于立顿茶包，而且老实说冲茶的服务对比制作咖啡等饮料要简单很多，普通人都可以制作。我们支付的那一部分溢价购买的是可以随时享用红茶的冲泡服务，也是可以使用星巴克场所的服务。

对于这类本身就是以商品功效作为销售内容的服务，我们其实可以用之前提过的体验评价体系来分析。体验的大统一评价体系中，这类服务可以视同产品的功能属性，存在就是为了创造更好的体验。消费者愿意为这部分体验支付合理的费用。产品组合的原理也同样适用。

讨论完这部分具有商品属性的服务，我们再来看传统意义上的客户服务。从广义上来说，零售商与消费者所有的交互触点都可以产生服务，不管这些交互是否是有效的，是否由专门的服务人员来完成。可以简单地理解为，除了商品之外，其余所有的部分都是服务。但从狭义上来看，零售业主更喜欢用售前、售中、售后的流程来定义客户服务，而且特指有专门服务人员介入的流程。

这里我们不讨论客户服务中咨询消费信息、解答售后问题、交叉销售等各种细致的模块，有专门的研究和系统的方法论来阐述相关的客服工作。作为一本讨论新零售的书，我们把专注点放在以下两个关键问题上：

- 新零售时代的服务，尤其是客户服务，会有哪些变化趋势？
- 作为零售行业从业者，我们应该做好哪些准备？

先来看变化趋势。最明显也最容易预测的是无缝衔接。事实上，我们已经开始享受到无缝衔接带来的便利了。你在线下的品牌女装店购买一条新款连衣裙，可以通过微信公众号向品牌客服咨询修改尺寸的问题，也可以通过天猫店客服、官方网站、QQ客服等渠道咨询同样的问题，收到的反馈是一致的。此外，你的客户信息以及同客服的交流记录也会被不同渠道的客服看到，不需要重复沟通。目前，几乎所有的 SaaS 客服平台提供的主要功能都包括多渠道交互，全渠道所有的反馈都整合在一处，无论是来自网页、App 还是微信公众号的客户服务的声音，都可以汇聚到客服工作台解决。平台可以提供智能会话分配方案，优先分配之前接待过该客户的客服人员。也许下次你也可以遇上“怎么是你？”“怎么又是你？”“怎么还是你？”的客服体验。客服有可能在新零售时代真的与客户建立起个人与个人之间的辨识度和友好感情，而不是“工号 0001”这样的冰冷、机械的体验。

除了常见的微信、App、网页，还有哪些可能的无缝衔接的触点呢？如果把目光放远一点，我们就会发现智能助理设备是一个有趣的选项。Google Home，直译为“谷歌之家”，是谷歌公司推出的智能家居设备，可以通过语音控制家庭设备。2017 年谷歌 I/O 大会（谷歌开发者大会）上，Google Home 产品演示了打电话的功能。用户可以直接对它说“拨给 × ×”来呼出电话，即使家中有其他成员同时在说活，也不会造成干扰，Google Home 能够识别每个人的声音，自动从每个人的通信录中寻找对应的呼出对象。在未来，直接对它说“联系 × ×品牌客服”，通过人工或者智能语音的方式来服务客户将会习以为常。人工智能注定将在新零售服务领域大放异彩（见图 2.24）。

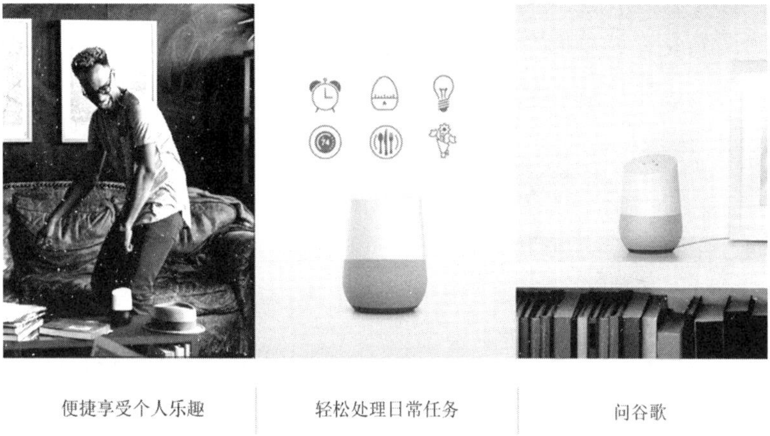

图 2.24　语音控制家庭设备

资料来源：https：//www.oschina.net/news/84902/google-io-2017-ahead。

所以，无缝衔接意味着消费者从任何媒介进入都是和同一的零售主体互动，消费者数据和记录在各个媒介间共享。媒介可以是任何形式，只要确保它是可数据化的。类似于同零售主体穿着不同的“媒介衣服”在不同场合与消费者交谈，衣服的款式、交流的场合会有不同，但不会因为换了一身衣服就导致零售主体不认识消费者了。衣服的形态会随着科技的发展而变化，未来还有更多、更有趣的衣服，帮助零售主体与消费者建立更亲密的联系。

但这还远远不能满足消费者的期待。新时代的消费者对于反馈时间的要求更加苛刻，想要的产品立即就要，想解决的问题必须马上回应。在用脚投票的市场，多一秒种的等待就意味着转身离开。随时待命是新零售服务的另一个特征。那么，响应时间对于商品销售转化具体会有多大的影响？以淘宝平台为例。根据后台数据显示，87 秒是一条神奇的红线，当询问等待时间超过 86 秒时转化率就徘徊在 16% 左右了，而在 20 秒内解答的转化率在 30% 以上（见图 2.25）。[①]

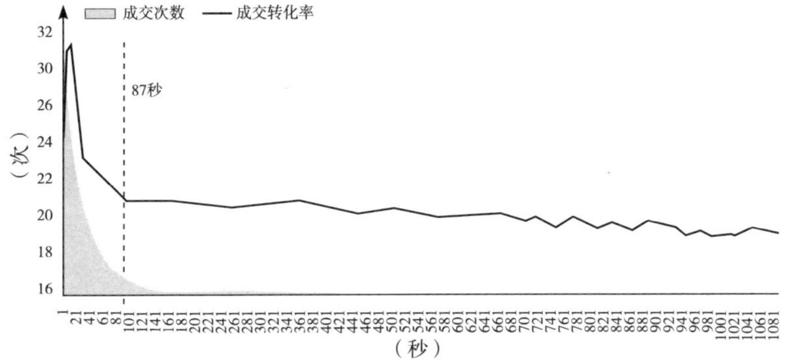

图 2.25　淘宝平台上响应时间对商品销售转化的影响（2015 年）

资料来源：http：//www. tuisir. com/tuiguanggganhuo/1433. html。

① 资料来源：淘之家，淘宝的后台数据，http：//www. taozhijia. com/article/2015-06-23/6874. htmls。

以分钟作为区分点，卖家在60秒内有效回应占比最多，可达79%（不含自动回复），1分钟是买家等待忍耐点（见图2.26）。结合上文可以看出，较快地响应买家咨询，可以给买家一种随时都被服务的感觉，能获得较好的购物体验，从而提高成交转化率。

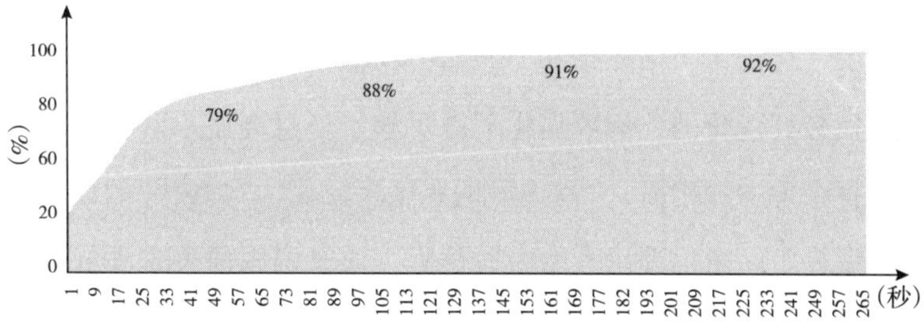

图2.26 淘宝平台上有效响应的时长分布（2015年）

资料来源：http：//www. tuisir. com/tuiguangganhuo/1433. html。

为什么在新零售时代的服务特别强调随时待命？因为消费者产生购物需求的场景和时机不再固定，随时可能发生。和朋友聊天时提到某款好用的厨具，马上就想买。在饭店吃到不错的点心，顺手就通过点餐平板电脑订购了几份送给家人和朋友。在超市排队结账，发现会员有特别折扣，通过二维码在等待期间一步一步完成了会员的注册流程，同时直接借助超市的送货到家服务，结完账空着手就回家了。半夜起来身体不适，不想下楼买药，通过手机购买了自己熟悉的非处方药，半小时后有人敲门，药就送过来了。无论是在工作还是娱乐，是清晨还是半夜，是人工服务还是智能服务，随时切入的购买场景，要求的是随时待命的服务。

从头梳理一下本章节的内容。商品是零售的基本单元，消费者购买商品行为的基础是商品评价体系，即认可购买商品能给自己带来的价值，所以我们首先讨论了商品的评价体系。在新零售时代之前，商品评价体系可以简单地概括为一个“物美价廉”的概念。最开始的时候，商品不够丰富，消费者对于“物美”的评价方式比较简单，主要是基于产品的功能性，这个时期商品的评价是比较好量化的，但数据化程度不够，信息高度不对称。当商品选择余地增加之后，“物美”的维度多元化，“物美”的标准变得难以界定，定位理论开始大展拳脚，通过说服消费者理解并接受对自身商品有利的评价标准，从而达到“物美”。这个时期，数据化程度加深，信息逐渐开始对称，但商品的评价是多元的、难以统一的，且不好量化。到了新零售时期，得益于“物理数据二重性”，物理世界和数据世界高度融合，商品、消费者的特征都高度数据化，从而可以被识别。体验成为统一的评价标准，原来所有其他的评价维度甚至包括价格都能够被囊括到体验的评价体系中。因此提升零售体验成为企业清晰明确的努力方向。

接下来，我们按照商品的 3 个维度，功能、内容和服务，分别预测它们在新零售时代的变化。其中内容部分是新零售时代的标志性变化，因此在后面的章节将会有大量介绍，这里主要探讨的是功能和服务两个维度。

功能维度有两个趋势：一是从围绕需求变为围绕体验；二是从产品变为产品组合。围绕需求的产品功能是服务于正态分布中间大多数人的，需要妥协，需要抓大放小，因为需要用一个产品去照顾主流人群。而围绕体验的产品功能是服务于长尾分布各个细分人群的，可以为个性化需求追求极致，只要提升体验的投入产出比，受到细分人群的认可，就能够用足够多的产品满足个性化的体验。为了满足千差万别的个性化体验，仅靠不同类型的产品在数学上已经达不到要求了，因此产品组合成为了新零售时代的功能形式。产品像乐高积木一样提供不同类型的基础功能，而产品组合将功能按照最符合每一类消费者体验诉求的方式搭配起来，这样的搭配方式我们称为“配方”。配方是产品组合的核心，具有独特的价值。

服务方面，无缝衔接、随时待命是两个突出的特征。无缝衔接要求零售主体将各个渠道媒介的客户服务记录数据化，整合汇总到统一的客服平台。无论将来沟通媒介的形式如何变化，零售主体与消费者建立的联系和认知是历久弥新的。随时待命要求零售主体适应新的消费物种，通过各种技术手段实现 7 ×24 小时超短等待时间，随时响应服务需求。

第三章

内容化

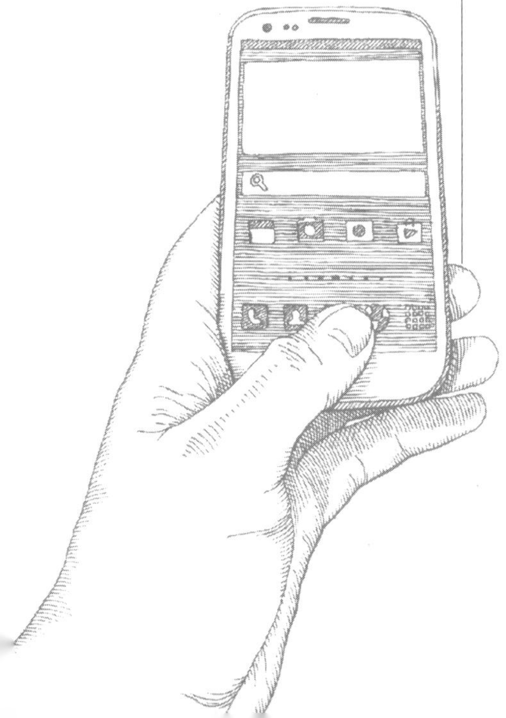

什么是商品的内容

“一两银子，也没听见个响声儿就没了。”这是《红楼梦》中刘姥姥的感叹。文中鸳鸯拿了凤姐递来的“乌木三镶银箸”给刘姥姥夹鸽子蛋，鸽子蛋夹不稳掉在地上了。一两银子在当时是很值钱的，这句话反过来说可以理解为，花了高价钱好歹也给我听响声儿。“响声儿”是什么？响声儿就是内容。我们在第一章讨论过商品可以分为功能、内容和服务3个方面。那么内容是什么？内容确实不好解释。我们看看鸽子蛋的案例。鸽子蛋的功能是供人食用，从书中的描述来看，鸽子蛋还是高级的食物，要一两银子一颗，只有贾府的太太、小姐们才享受得起，换算成今天那至少也是米其林一星的消费层次。味觉享受和营养功效是它的功能，上菜的时候有个丫鬟端着伺候那是服务。内容就是刘姥姥说的那个响声儿。掉到地上了，功能和服务都享受不到了，至少让我听听一两银子掉到地上的声音，把商品的内容部分给我，我还能回去跟人吹吹牛、说道说道。其实刘姥姥已经获得了部分鸽子蛋的内容，她看过鸽子蛋这盘名贵的菜肴长什么样子，价格是多少，她回去已经能把鸽子蛋这件事情说给儿子、媳妇、隔壁老张老李听了。

为了更好地理解商品的内容属性，我们做一个无聊的假设。假设有朋友很想花钱请你吃高级料理，但是他只有1元钱，怎么办呢？他没法请你到现场品尝，也给不起小费，可以理解为既买不起功能，也买不起服务。所以没办法，他去网上找了一个付费的食谱App，花1元钱买了一个曾经品尝过这款美味的美食家写的食谱，食谱图文并茂地描述了这款美味的色泽、香味、造型、用料，还给出了可行的配方和制作方法。他发到自己的朋友圈里并在晚上12点“@”你，还起了个标题叫“深夜放毒”。

在新零售时代，我们不仅要谈商品的功能、服务，还要谈商品的内容，而且要大谈特谈。之前内容是附着在功能和服务上的，现在我们把它单独拎出来，是因为它在这个时代前所未有地重要。要回答内容是什么，可能要先回答内容不是什么。

首先，我们说的内容是特指的，不是泛指的，特指零售领域中商品三大固有属性功能、服务、内容中的一个，所以不要脱离这个场景去谈文学创作中的内容，或者日常对话中的内容。有的时候看似像内容的东西，我们也不把它算在内容里。比如现在兴起的知识经济、内容付费，请问内容付费产品中的“内容”是我们这里特指的内容吗？不是，它是功能，在付费课程、语音、视频这些商品零售的过程中，这些由知识组成的内容提供了提升自我或者娱乐的功能，我们愿意为之付费。千万不要把此内容当成彼内容，不要把泛指的内容当成我们讨论特指的内容。那什么是特指的内容呢？课程的介绍材料是特指的内容，视频的弹幕是特指的内容。这才是商品三大属性中内容的部分。以后如果再遇到类似疑惑，可以做个简单的处理。这个是功能？不是。是服务吗？也不是。那它就是内容了。毕竟三大属性还是比较结构化的归类方式，遵循 MECE 原则（完全穷尽，彼此独立，关于此原则可以参考《金字塔思维》《麦肯锡方法》等书籍）。

其次，内容不等于内容营销（Content Marketing）。如果你对零售行业感兴趣，可以用“内容”和“零售”两个关键词上网搜索，搜索结果中十之八九都是在谈内容营销。确实，内容被重视起来的时间点并不是当下，而是更早之前通过内容在市场营销中的运用被提及、被重视的。而且我们讨论内容很多时候也离不开营销，但是内容并不等于内容营销。内容营销是这么定义自己的：传统营销是你去找消费者，内容营销是让消费者来找你，内容营销是一种通过对消费者有吸引力的信息来获取消费者主动关注的思维方式。所以对于营销专家来说，内容的定义是能够吸引消费者的信息。而站在新零售更大更广的视角来看的内容，有那么一点不同，其除了营销还可能成为消费者购买的价值的一部分。

“三只松鼠”的创始人章燎原提道过：“品牌价值有两个核心因素：一是你拥有多少忠诚的顾客，二是你能为顾客提供多少附加价值。”① 内容就是附加价值，甚至内容是主要价值，这在新零售时代完全有可能。

正式定义一下内容，对比商品的功能和服务，内容肯定不是

① 资料来源：阿里研究院，《智慧之巅：DT 时代的商业革命》。

物质，不是行为，而是信息，这点大家很好理解。内容最重要的作用就是为消费者带来价值。这两句话连在一起就是，内容是对消费者有价值的信息。

商品的内容是如何营销给消费者，又是如何同功能和服务相互作用的呢？我们举两个例子。

第一个例子：可口可乐和百事可乐有什么区别（见图3.1）？

图3.1 百事可乐和可口可乐

资料来源：http：//www.pinpaihb.com/a/20160120/163114.htm。

可以预测得到，答案是两极分化的。有一部分人认为，没有什么区别，无论是口味还是价格。也有一部分人认为区别很大了，可口可乐与百事可乐所代表的完全不一样；可口可乐有这样的创意广告，百事可乐又有那样的明星代言，甚至连口感也不一样，一种更甜一点，另一种气泡多一点。有人做过实验，测试消费者到底能不能够像他们说的那样单凭口感分辨出两种品牌的可乐。实验采用盲测的方法，结果有的人能达到60%的正确率，也有味觉特别厉害的人能达到100%的正确率。而通过仪器测量，一种可乐的甜度在11.2度左右，比另一种仅仅高出0.2度，一般人其实是比较难分辨的。但是两者在内容方面的差异是巨大的，两家公司在内容方面的投入也是巨大的。

如果把可乐换成矿泉水呢？不要跟我说你能喝出不同品牌的矿泉水的区别，这是特异功能，一般人类是不可能具备的。矿泉水在商品的功能上是几乎无差别的，目前来看也没有很多服务的差异，唯一的差异只能体现在内容上。所以有“信任，你，我的怡宝”“水中贵族——百岁山”“大自然的搬运工——农夫山泉”这些代表不同内容的广告语。

因此，越是功能和服务的同质化程度高的商品，越需要内容来突出差异。

第二个例子：葡萄酒。

葡萄酒有悠久的历史，根据葡萄酒的品种、酿造工艺、产区、年份，可以衍生很多的品类、品种、品牌、级别。我有个朋友是学化学专业的，对于葡萄酒特别热爱，再加上工作的关系经常有机会去法国、意大利等葡萄酒产区的酒庄，每当讲到葡萄酒就特别兴奋，说起霞多丽（Chardonnay）和长相思（Sauvignon Blanc）的口感和香味特点可以说半天不带重复的。

对于一个内容体系相当成熟的零售商品，比如葡萄酒，如果让一个从来没有接触过此类内容的人去感知，他可以感知到商品特性的不同，因为霞多丽和长相思的味道肯定是不一样的。霞多丽会甜一点，长相思会酸一点，这种差异比可乐或者矿泉水之间的差异要大。但是脱离内容，如果不接触葡萄酒的知识，甜一点和酸一点又意味着什么，消费者并不清楚，也没有判断的参考系，只能“返璞归真”地“选自己喜欢的就好”。那如果特定年份、特定酒庄、有专业机构认证、价格不菲的葡萄酒同普通的餐酒放在一起，不加引导，“选自己喜欢的就好”真的能够保证大家都识货吗？功能和服务体验复杂多样的商品是需要同样复杂精细的内容来教育和引导的，否则消费者只能看到性状的不同，看不到价值的不同。有的商品的作用是细微的、长期的，比如保健品、化妆品。有的商品的功能是复杂的、零散的，比如电子产品。有的商品是充满心理暗示的，比如嗜好性商品烟、酒、茶等。未来，商品的体验会越来越复杂，需要的内容引导也会越来越专业。

对于商品来说，内容的影响和作用不是个别的，而是普适的，前面举的例子仅仅是影响特别明显的，还有一些是影响没那么明显但普遍存在且非常重要的。归纳起来，内容有以下两大方面的作用。

1. 消灭信息差

信息的不对称性，创造了大量的商业机会。在高度数据化的未来，信息加速流通，信息差会越来越小，留给信息差的交易空间也会越来越小，而内容正是这些不断更新对称的信息流。比如，某款食品主打调节人体酸碱性，有利于防止“酸性体质”，能保持人体处于弱碱性的状态。而随着信息逐渐对称，大部分人都获得了更具有科学根据的信息，知道“酸碱体质”是伪命题，只有酸中毒没有所谓“酸性体质”，这样这款食品的卖点就站不住脚了。再比如，“没有中间商赚差价”是很多直销商和微商的销售口号，那到底他们的商品是不是价格更优惠了呢？有了大数据比价类的工具，可以直观地对比同类产品的价格，价格的对比数据这个信息内容可以消灭价格不对称的信息差。也许你会发现那些“没有中间商赚差价”的商品有着离谱的价格。相反，跨境电商正是利用了信息差的逐渐对称，消费者获得了更丰富的内容、更广泛的信息，从而具有了在全球商品流通市场中选购的需求。

2. 识别符号

这是一种消费主义的观点，你通过购买来定义自己。人们可以通过外貌特征、体形、神态、声音、走路的姿势来识别一个人，当然也可以通过服饰、工具、消费偏好来识别一个人。商品，用消费主义的话来说，就像长在人身上的特征，提供了大量的符号，来强化刻板印象。商品无时无刻不在通过内容传递符号，包括财富、地位、审美、道德、性格特质、价值取向等。内容也在教育消费者如何识别这些符号。这也是恋爱非常消耗精力、物力、财力的原因，我们必须不断识别和解读对方的内容符号，也同时需要提供自己的内容符号——去好的餐厅，买更能代表自己经济实力和审美品位的衣服、礼物等，难怪单身人群在不断扩大。

朱继光是一名多才多艺的画家兼设计师，方寸间是他创业的项目。他发现目前的艺术品市场两极分化严重，在高端艺术品和低端装饰品之间存在一个巨大的市场。他从艺术家的视角出发做了两件事：一是把相对昂贵的艺术品以租赁的形式提供给公司，后者只需用较低的价格就可租到中意的艺术品，还可以自由选择租赁时间，同一幅画可能会出现在不同爱好者的家里；二是把真正有品位的艺术品复刻之后零售给消费者。

艺术品是典型的符号识别类商品。如果每个人家里挂的都是梵高的《星月夜》，就丧失了审美品位的符号甄别作用。方寸间做的事情就是提供更多的审美符号选择，满足个性化的审美符号消费需求。如果有些审美符号特别昂贵，同时又只需要在某些场合、一定时间内发挥作用，租赁的优势就体现出来了。

仔细分析我们所说的这两个作用，可以发现它们恰好是一正一反的两面：一方面，内容消灭了一些错误的信息，促进了信息的对称；另一方面，内容又提供了海量的新信息，这些是商品背后的符号。消灭哪些、提供哪些取决于它们对于消费者的价值，这也便回应了我们关于内容的定义。

内容化的浪潮

介绍完内容的定义、特性和作用，我们总算可以开始讨论内容化的问题了。内容化是一个不可逆转的大趋势，商品内容化是对新零售时代内容这个属性前所未有的重要性的正反馈。

第一，内容化是最符合新零售第一定律的。新零售第一定律解释的是物质和数据的关系，是现实世界和虚拟世界的关系。商品的三大属性中，功能是物质，服务也依托于现实，只有内容，它的本质就是信息，还有比这更数据的吗？内容在新零售时代的市场中有先天的优势。可以预见，在未来，功能也好、服务也好，都需要通过内容来展现价值，失去内容，功能和服务的数据是冰冷生硬的参数，有了内容，它们才是能够传递给消费者的价值。好比唯物主义和唯心主义的对立，从唯心主义的视角来看，事物的美好是自我内心的感受，如果失去感受，事物的美好也就不存在了。类似的，商品对于消费者的价值，是让消费者感受到的价值，而不是真实客观的价值。未来更常见的场景是先接触商品的内容，再选择是否要进一步接触商品的功能和服务。作为零售业主，我们要做的简单来说就两件事，提升商品体验，产生有价值的内容。

第二，内容化是最符合消费趋势的。波士顿咨询（BCG）和阿里研究院研究报告显示，预计到2021年，中国的上层中产和富裕家庭将带动75%的消费增长，年轻消费者群体在总体增长中占69%的比重。[①] 随之而来的是必需品的同质化竞争越来越激烈和非必需品消费大幅提升。还记得前面提到的内容特性吗？越是功能和服务同质化程度高的商品，越需要内容来突出差异；越是功能和服务体验复杂多样的商品，越需要同样复杂精细的内容来教育和引导消费者。未来无论是同质化的必需品，还是复杂个性化的非必需品，一个需要差异化，一个需要教育客户，都无法离开内容。零售业主看到这儿心里应该要敲警钟了，再不重视内容，掌握内容化的规律，必将在新零售时代被淘汰。

第三，内容化是最符合功能和服务变化趋势的。上一章我们提到功能的趋势是从产品到产品组合，配方是产品组合的核心，而服务则应该是无缝衔接、随时待命的。内容和这些变化紧密相关，相互作用。产品组合大大提高了满足消费者个性化需求在数量上的可能性，同时也丰富了内容的来源。配方有优劣之分，路径有高下之别，该如何分辨它们？理由是什么？这些都是内容。可以说，到了新零售时代，内容不仅仅是描述商品、介绍商品，还可以利用商品来提供解决方案。

商品信息对于消费者来说可能是有价值的也可能是没有价值

① 资料来源：阿里研究院，《中国消费新趋势：三大动力塑造中国消费新客群》。

的，即使有价值，还需要消费者自己将其利用好。这是传统零售时代的营销主导思维，曝光、转化都是在把信息推送到消费者面前。移动互联网解放了消费者的选择空间，消费者可以选择对自己有价值的信息。新零售强调为消费者创造有价值的信息，如果信息没有价值，就不要推送给消费者，因为它们只是徒增噪声罢了。

服务也是一样，无缝衔接、随时待命了以后，信息量大大增加，有价值的信息转化为内容，不断地沉淀、整合，内化成商品的一部分，从而提高商品附加价值，促进商品传播。

“XY”是一家为男性消费者提供一站式生活用品解决方案的跨境电商平台。男士购买最多的鞋、表和包袋是其 3 个最主要的品类，此外还包括护肤品、3C 数码产品和一些长尾的新奇特商品等，定位于客单价 600 ~ 1 500 元的中端市场。①

男性时尚市场是一个新兴的高价值市场细分领域，仅仅以护肤用品为例，根据阿里巴巴平台数据显示，2016 年男性护肤用品的成交额增速是美妆护肤用品整体增速的 1.5 倍。如何切入这一市场？XY 的动作紧紧围绕内容展开。

1. 每日搭配

XY 很少把产品个体直接摆到用户面前，它的推送永远是各种的组合产品。搭配是最符合消费者购买决策习惯的，尤其是男

---

① 资料来源：36 氪和氪空间团队，男性海淘平台 XY 融资报道，http://36kr.com/p/5044461.html。

性具有相对厌恶烦琐的对比筛选过程的购物偏好。想象一下，你在逛街、聚会中，瞥见路过的、对面的各色型男、潮人或精致或随意的穿搭，你的第一反应是了解每件单品的品牌、款式，还是“我就要这一身好了”？参见图3.2，XY App的界面设计上，左边是街拍图，街拍效果诱人，且没有杂志硬照的距离感，对用户来说，代入感强烈，可以想象自己穿上相同服饰后的帅气拉风。右边是全套服饰的平铺图，下方是单件服饰的详细信息。我调研过周围的男性，他们对于这个界面相当满意。我推测，可能是由于这个界面和我们男性最爱的游戏人物装备界面如出一辙，如果给服饰补充敏捷、魅力的属性加成数值，可以想象成穿上战衣之后飙升的战斗力。换成女性的理解模式，这不就是男生版的《暖暖环游世界》[①] 嘛。

2. 高品质内容场景引导

XY设计的最基础的单元是商品详情和购买页面，内嵌购买按钮的商品图文是用户接触最多的形式。图文可以理解为产品组合+购买场景，具体可以分为三大维度。以品牌为轴，纵深介绍品牌文化、风格、偏好、适合人群、明星产品。考虑到XY平台上有不少设计师品牌国内消费者并不熟悉，纵深品牌介绍起到了引导和教育市场的作用。以产品为轴，介绍同品类不同品牌、不同款产品的优势、差异、试用效果，帮消费者锚定了品类下“需

① 《暖暖环游世界》是一款由“暖暖游戏”研发的清新换装养成手机游戏。

图 3.2　XY App 首页搭配部分截屏

资料来源：XY App。

要购买”的大前提。比如需要购买有特殊功效的牙膏，因为“总有一款适合你”的心理暗示，消费者在图文页推荐中选择其中一款牙膏。以场景为轴，匹配该场景下的服饰解决方案，相当于提供“配方”，产品有机组合，发挥更大效用，对于提升客单价也颇具价值（见图 3.3）。

图 3.3　XY App 截屏：纵向介绍品牌，横向对比产品，斜向匹配场景

资料来源：XY App。

总的来看，无论是何种内容，XY 都做到了为消费者提供有价值的信息。对比同类导购网站，XY 在内容上的视角、专业程度、审美品位，乃至图片和设计细节上的质量都明显高于行业平均水平。这些优势汇总起来换算成内容的价值，可以说是高价值的内容。运营过程中 XY 团队尝试将自己生产的内容推送到今日头条、猫弄（MONO）、网易等其他流量渠道中去，收获了不错的效果，有时一天的总阅读量可以达到 150 万～200 万。XY 的创始人罗旋表示："这也从侧面说明市面上缺少关于男性生活方式的好内容，接下来我们会在这方面加大投入力度。"①

XY 的案例很全面地反映了内容的本质，为消费者提供有价值的信息，以及如何通过内容化大趋势建立竞争优势。

内容作为商品在新零售时代最重要的属性，不仅能推动业务，还能重新构建商业模式。

"味 BACK"是一家位于深圳的特产零食电商，它给自己的定位是全国特产食品精选发行商（见图 3.4），像发行电影一样来发行特产食品。味 BACK 的创始人王致祥和丁卯热爱旅游，原来从事的工作也和旅游内容运营相关。在旅行中，他们发现各地都有一些知名特产食品质优价廉、广受欢迎，但受制于流通渠道不通畅，不被外地消费者熟知。作为伴手礼的话，特产食品在设计和内容传播上又缺乏新意，虽然味道很好，但有点"拿不出手"。

① 资料来源：36 氪和氪空间团队，男性海淘平台 XY 的评论，http://36kr.com/p/5044461.html。

图 3.4　味 BACK 海报

资料来源：http：//www. managershare. com/post/306327。

而味 BACK 团队的优势正好是在内容方面，大量优质内容的创作传播经验，帮助他们反向整合供应链商品，经过细心选品定位，以旅游城市为主，从干果、糕点类等即食性特产下手，寻找“外地人找不到”的当地特产食品。最后他们选择了成都麻辣青豆、云南普洱小金砖、大理无核青梅干等几十款具有开发价值的特产零食，统一重新包装、统一体验，进行品牌化、内容化，从特产的味道、产地、选材等方面进行故事挖掘，用精美的图片和优美的文字建立“味道故事”，为食品嵌上文化属性的附加值。

在传统零售时代，内容是产品的附庸，现在内容当家做主，反向整合产品和服务，构建了以内容为导向的新零售商。未来将会涌现出更多的内容型零售商，而内容牵引产品的趋势也将逐步成为主流战略思路。前文提到的 XY，也通过整合国外大品牌代工的工厂，自主研发了品牌 Daily Weather，将潮流趋势和生活方式理解增加到经典款和基础款的设计之中，成为其 2017 年重要的战略尝试。

未来在直播

内容需要承载形式，内容在未来会如何发展？在这个问题上，商业巨头和资本给出的答案高度一致——集体押宝视频，准确地说是直播+短视频组合。

2016年，某网络红人在淘宝直播平台上2小时内销售了2 000万元的商品。同样是2016年，阿里巴巴旗下阿里妈妈联盟媒体分成超100亿元，其中以生产电商导购内容为主的自媒体及达人的分成达20多亿元。[①] 2017年12月5日淘宝发布的达人收入排行榜数据显示，年收入超百万元的淘宝达人就已超过百人。

我们再来看一组数据。2016年淘宝和天猫共发生直播65万场，累计1.4亿小时观看量，服务了80万商家，商品浏览率达到50%。[②] 而且从数据和转化结果来看，内容导购媒体的流量转化

---

① 资料来源：卢晓明，《占阿里收入六成的阿里妈妈，去年给媒体分成超过100亿》，http://36kr.com/p/5068444.html。

② 资料来源：杜暮雨，《新零售营销落地靠商家，但阿里想提供全套工具和方法》，http://36kr.com/p/5072215.html。

率是一般促销型导购媒体的 2.5 倍以上。在 2017 年 4 月 1 日结束的为期一周的淘宝直播盛典中，共进行了 5.8 万场的直播，有 2 000多万的投票参与，单日互动次数更是破亿。淘宝直播诞生仅一年，已经拥有 1 万多主播，120 家签约机构，推出了超过 70 档的 PGC① 栏目。②

新零售时代，直播的火爆几乎已经是铁板钉钉的事情，我们更多需要关注的是以下几个问题。

- 现在直播的主流玩法是怎样的？
- 直播行业未来会如何发展？
- 零售业主、电商、品牌主、内容主各自需要做好哪些准备？

我们以淘宝直播为例展开介绍。引用淘宝直播负责人陈镭的话："淘系直播作为最贴近电商生态的直播，是消费领域中最高效的直播工具。"主流直播平台映客、花椒、快手、陌陌在达人打造方面各有千秋，但论电商 + 直播，淘宝直播在未来很长一段时间内具有不可撼动的地位。

电商导购类直播可以分解为六大元素：主播、观众、商品、内容、工具、流量。

先说主播。淘宝直播有很好的达人储备。早在 2014 年上半

---

① PGC 是互联网术语，全称为 Professional Generated Content，指专业生产内容（视频网站）、专家生产内容（微博）。

② 资料来源：电商在线，《淘宝直播 2017 年打法，五个方面将有重大升级》，http://36kr.com/p/5069173.html。

年，阿里巴巴就开始招募买手、达人，自主铺开内容导购，又在手机淘宝 App 首页开辟了“有好货”“必买清单”“爱逛街”“淘宝头条”“淘宝直播”5 个不同的入口给内容导购。电商导购直播最开始一定是针对淘宝的大盘用户——年轻女性的。因为观众和主播人群基本已经确认，商品自然是以女装和化妆品为主。直播相对来说是比较重的内容形式，选择在线购物时间、购物热情和投入度都比较充足的年轻女性用户，收益比较有保障。关于主播与店铺的关系，大部分主播还是采取合作的形式，通过阿里妈妈平台，按照 CPS（Cost Per Sales，即以实际销售产品数量来换算广告金额）的方式结算佣金，佣金可以由商家自行设置。少量网络红人主播自营店铺，单店营收过亿元。

对比依靠打赏模式的快手、映客、花椒等平台，电商直播离消费环境更近，带来的收入分成也更为丰厚。以淘宝达人收入排行榜为例，第一名是 32 岁的薇娅，年收入 2 500 万元，第二名“强力种草机”年收入 1 200 万元，第三名达人“Heika-Z”年收入1 100万元。值得一提的是，薇娅曾经在一场直播中帮助一个零粉丝的淘宝新店，在没有任何推广手段的情况下，一夜之间拿下了 7 000 万元的销售额。

内容方面，不同于打赏类的直播平台，淘宝直播还是以介绍商品为主，有点类似电视购物的加强版。主播通过全方位展示、试穿、试用的形式，穿插段子、卖萌、才艺表演来介绍商品。体验上比电视购物和 PC 直播更加轻松灵活。高人气的主播除了要求外形、口才外，审美品位、专业知识储备、创新能力也很重要。直播中，主播们除了推荐商品，有的还展示了商品生产上架的流程。受欢迎主播的人设大多是“明星＋邻家女孩”，既漂亮又亲切有趣。难怪众多女性观众感慨，最希望成为的就是主播那样的女孩。阿里巴巴橙色天空视频创作团队拍摄的纪录片《网红》很真实地记录了直播台前幕后的情况，大家有兴趣的话可以看一看。

作为平台，淘宝要解决的是工具和流量问题。工具分为这么几类：传统的直播类工具（套装、美颜、互动）、电商消费功能、产品的展示、直播和商品购买页面的平滑切入和切出。不少淘宝主播在访谈文章中表示，淘宝直播的好用之处就在于此。流量的话，淘宝直播强调矩阵，用好微博和优酷，形成“微博预热—直播互动—淘宝成交”的成熟运作模式。还有个性化人群精准推送、流量粉丝的蓄积、佣金结算系统等，淘宝直播的功能着眼于服务产业链各个环节。

就在本书的写作过程中，不少做电商和自媒体的朋友已经在认真研究“电商直播”这一新鲜事物了。通过访问他们，我对直播也有了新的思考。这些思考不仅仅是围绕直播形态的表象和如何做好一场叫好又叫座的直播，我想在技巧层面，越来越多的实践者更有发言权。

Gary 是为数不多在淘宝直播大浪潮中成长起来的男性网红（见图 3.5），他的账号“@ 健身厨男 Gary”从一开始就瞄准了这一拨淘宝内容创业的机会。他用了 5 个月的时间摸索，迅速成长为淘宝直播重点扶植的“千人大咖”之一，享受到了一系列淘宝直播提供的独家机会，比如在“双十一”“双十二”期间得到最多权限，还有“美食节”等活动的封面位置。

图 3.5　淘宝直播网红“@健身厨男 Gary”

资料来源：淘宝网。

在打法和路径上，定位、选品和解读规则是直播的三大关键。

定位。必须做好消费者研究，做到清晰、明确。Gary 团队在定位选择时意识到“美食”和“健身”是淘宝直播两个很重要的板块，但没有一位主播将两者结合得很好，于是找准了这一切入点。内容设计上从食物配比、卡路里计算等科学角度出发，给用户推荐健康的美食，并带着粉丝一起运动，提出“边吃边动瘦下去”的主张。

选品。瞄准品牌规避风险。电商直播的赢利模式主要就是“售货佣金”，主播既可以选择佣金比较高的新品牌，也可以选择风险比较低的大品牌，“@健身厨男 Gary”团队当时选择的是大品牌。为了保证选品的准确和推荐的口碑，团队先试用并与粉丝交流，不断优化推荐产品的价值感和契合度。目前为止，他们已经和飞利浦、娇兰（Guerlain）、施华蔻（Schwarzkopf）、陶陶居、美瑞克斯（METRX）、Evenso、贝塞斯（Bassetts）等知名品牌合作。

解读规则。对平台方向和规则的解读直接决定流量大小。目前淘宝直播的现实情况是内部流量远远高于外部流量。淘宝直播平台会依据自身对主播的判断和后台数据导引流量，强者越强的滚雪球效应十分明显。如何拿到好的位置，如何上封面、参加重要的营销活动，这些问题都需要对淘宝直播平台方向和规则的精准解读，并把解读体现在内容上。Gary 团队抓住了机会并展示了优秀的内容策划能力，短视频、切片、赏金任务完成度较高，在接连几次登上淘宝直播的精选、首页后，多篇直播、图文都获得了“10 万 +”的曝光量，从而拥有了最初的粉丝。

以上这些思考更多的是围绕直播的本质。掌握直播的本质，我们能更好地预测未来，占据先机。

回到没有直播的时代，我们还是去实体店购物。假设你是一位极具消费能力的高端人士，你的购物方式可以概括为：“除了这件，还有那件，其余都打包。”那么你将受到商家最高的礼遇，某位长相酷似彭于晏或者赵丽颖的专业导购，将手把手地为你介绍商品，当然这一切建立在你的消费足够支持所有高昂的定制服务的前提上。这时候直播出现了，同样的定制服务可以同时卖给几万人，虽然打了折扣，不能亲临现场，但是细致的讲解、专业的展示，当然还有主播无法抗拒的颜值，都足够有效地让几万人守候在手机屏幕的另一端。直播的出现大大降低了高品质商品服务的边际成本。就像知识经济把原来只有少部分人能享受的顶级学府的MBA（工商管理硕士）课程以低廉的价格卖给大量只需要知识不需要文凭的学习者。电商直播把原来只有贵宾客户才能享受到的专人导购服务，以溢价和营销成本的形式免费提供给了消费者。

新零售第一定律再次发挥作用，电商和实体店、物理和数据的界限不断模糊，线下的实体店能拥有同电商一样的消费数据，而电商也能让线上消费者享受实体店贵宾客户的贴身服务。

有了这样的认识，我们对新零售未来的思考，就可以从线上或线下体验很好但还没有融合和映射的部分入手。举例来说，线下超市里经常有试吃、试用的营销方式，也许很快电商直播就会引入这个模式，只要订阅了频道，参与活动，就不断有机会收到试用品。又比如，电视机的频道是可以很流畅地直接切换的，而现在的直播还留有 PC 时代的痕迹，需要回到选择界面，再重新进入新的直播间，也许很快我们就可以用手滑一下直接切换到新的直播间了。直播间行业的推进顺序可以参考线下商场的动线设计，比如宜家，仔细考虑场景之间的衔接。只要思路打开，就有无数新想法等待着我们去实验。

既然直播的发展已经势不可当，作为零售业主和电商，我们应该做好哪些准备呢？了解游戏规则是第一步。巨头搭建了生态体系，它们是游戏规则的制定者，比如阿里巴巴、腾讯，它们的布局绕不开搭平台，只是各家发力手段不同。在电商和零售领域，阿里巴巴是主场，通过科技媒体的通告描述我们可以看出端倪，原文内容是“淘系直播定位不会变，会继续专注在生活消费领域，并在五个维度继续升级：人群、内容、流量、玩法、商业化”。[①] 下面我简单分析一下。

人群，从核心升级到一般，在年轻女性群体实验成功以后，可以拓展到其他人群，比如男性。

内容，从 UGC（用户生成内容）升级到 PGC（专家生成内容），原来的内容同质化程度比较高，可以尝试多元化和适合中高端消费用户群体的内容。“首先针对 UGC 主播，逐步过渡到 PUGC，即专业的 UGC，在人格化、主题化和强互动的方面继续加强。需要不断地从脚本化、品牌具象化、强互动的角度来发力。平台也会扶持优质的 PGC，做内容的主题化聚合与场景化的分发，与优质 PUGC 合作。”[②] 淘宝提供的特色支持有定制化的直播间，开放个性化道具以及直播间装修的功能；提供专属的排期推广；定期定向招商洽谈推介，从节目制作、流量推广和整体商业化推介这 3 个维度来帮助 100 档优质的 PGC。这些举措对于主播来说非常有吸引力。

从商品属性上看，服务类虚拟类商品不需要物流，也很契合

---

① 资料来源：电商在线，《淘宝直播 2017 年打法，五个方面将有重大升级》，http：//36kr. com/p/5069173. html。

② 同上。

直播的方式。此外，我们要从售卖商品延展到售卖服务，像健康、教育、情感、星座等直播虽具有消费属性，却不需要物流配送，针对这类服务，直播是一个非常好的工具。

未来，网络电视台、网剧、真人秀、综艺的界限会越来越模糊。看厌了网红的观众会想看明星，这就和从平民选秀过渡到明星竞技的歌唱类节目一样。直播的赛道上经过一轮火爆、井喷、洗牌后，剩下的都是有真本事的专业团队。想象一下未来的直播，流量明星直播自己的吃穿用度，中间有赤裸裸的品牌植入，虽然知道有事先安排，但却充分满足了观众的好奇心理。

此外，专业的商品评测类节目一定会越来越丰富，评测商品的类别也不再限于手机、汽车、化妆品。评测是一个销售标准的过程，是一个卖尺子的过程。直播过程中每家导购的尺子都不相同，每家都会选择对自己有利的考量维度。技术好的强调技术的重要性，提高门槛，销售复杂概念；颜值高的展示设计细节、上手效果。精明的消费者很快会发现，需要一个不代表任何利益相关方的中立平台，客观专业地总结商品，再用生动有趣的方式呈现出来。内容的本质是有价值的信息，“中立 + 专业”给消费者带来了价值，尤其是在信息泛滥的时代，中立评测的价值进一步放大。如果你是专注于某一方面的内容专家，考虑进军新零售，做细分市场的评测是一个不错的选择。

有了内容，流量是下一个需要解决的问题。按照淘宝直播官方的分类方式，目前流量可以分为自有流量、平台流量和外部流量。自有流量就是商家和主播自带的流量，可以是店铺和主播原来的粉丝，也可以是直播过程中吸引进来的人群。淘宝提出“私域”的概念，意思是这些都是你自己的一亩三分地，淘宝会开发出好用的“耕作”工具，帮助你把粉丝和流量留住，耕作好，就像种地一样，每季都有收成。同时鼓励你去外部找流量，出去“打猎”。淘宝会开发出好用的“打猎”工具，帮助直播更好地在外部分享、病毒式营销、转化、引流。

流量这一部分，老实说腾讯的产品矩阵是不遑多让的，“微信公众号小程序 + QQ + 游戏”，以后都是好流量的主战场。平台流量方面，优质的直播、财大气粗的商家拿到好的展示位置，这个一贯如此。未来在人群精准匹配方面，平台会下大功夫。一方面，直播即时性强，要快速找出当时时间段的优质内容，实时更新流量优先级；另一方面，基于消费者精准画像，匹配合适的直播内容。外部流量方面，视频网站、社交媒体都已经各自站队，就看巨头们手里的牌谁比较多，每家都有自己的流量分发矩阵。比如淘宝就会基于优酷和微博带动内容分发。

从玩法上来看，直播一定会衍生出很多以视频为基础的周边玩法，比如“直播 + 短视频”。

直播的优点是互动性和代入感强，缺点是时效性太突出，难以二次传播，信息密度低。而短视频正好信息密度高，易于传播，两者取长补短，可以相互补充。一场好的直播，应该包含直播前的预告、直播中的互动和直播后的传播，而直播前的预告和直播后的传播，使用短视频是非常合适的。过程中的互动，在未来也许可以切入一段小视频，类似电视节目中播放一段录影的效果。小视频可以提前制作，以便随时调取，无论是复杂的功能原理，还是特定的场景效果，都能轻松呈现。直播中的精彩内容也可以转换成小视频切片，与商品进行链接，促进传播。

Yeay 是一家德国的短视频售卖网站（见图 3.6），不要误会，它不是卖短视频，而是为年轻用户提供一个购买和出售自有品牌或其他品牌商品的平台，主要的形式是不超过一分钟的短视频介绍。你可以选择出镜也可以选择不出境，可以介绍商品，也可以介绍品牌故事，只要观众有兴趣，愿意购买，就可以直接下单。这种新玩法迎合了年轻一代互联网原住民的个性和态度。大量的设计师和创意品牌经营者通过 Yeay 传递理念，售卖商品，而观众则希望看到新奇特别的东西。目前 Yeay 还在初创期，在 2017 年 5 月完成了 490 万美元的种子轮融资，有大约 50 万次的下载量和 10 万注册用户。

图 3.6　Yeay 官网截屏

资料来源：http：//www. yeay. com/。

限制有时候是神奇的催化剂，博客限制字数催生了微博，视频限制时间有了短视频。在一分钟的时间如何抓住观众的心？有的创作者在传递叛逆不羁的品牌性格，有的在设计欧·亨利式的意外结局从而带来惊喜和回味的感觉，有的贩卖颜值和生活方式，各种奇招妙招频出，反正没有老老实实、一板一眼介绍商品的（见图3.7）。这也是Yeay同其他零售平台的差异化竞争。你愿意花80美元买一个酷酷坏小子手工打造的个性滑板吗？还是愿意尝试下美妆达人推荐的限量版口红？

图3.7　Yeay App短视频截屏：售卖品牌篮球鞋

资料来源：Yeay App。

短视频的模式在中国本土化后可以考虑和跨境电商、代购结合。每款代购商品都在专卖店录一小段视频，360 度无死角的展示，效果远胜于图片。

内容的想象空间很大，除了直播、短视频，镜头也会有新的玩法。Google Lens 是一款利用强大的计算机视觉算法实时识别用智能手机所拍摄的物品，并提供相关内容的应用（见图 3.8）。当你在街边用镜头对准附近的商店时，可以看到关于商店的详细介绍和相关评论，当你把镜头对准商品，比如一瓶葡萄酒的标签，你可以看到更多背景信息和反馈。随着“基于视觉的计算”“人工智能”逐渐成熟商用，现实将成为一场大型无边界的实时在线游戏（还记得前面讨论过的物理和虚拟世界融合吗），透过镜头、现实增强眼镜，所有地点、物品，甚至人物的顶部都有对话框可

图 3.8　用 Google Lens 扫描附近商店

资料来源：http：//36kr. com/p/5075773. html。

以展开查看。这些技术虽然才刚刚面世，离大规模应用还需要一段时间，但技术的发展是有加速度的，只有以不变应万变，做好基础的数据采集整理工作，培养内容生产和整合能力，不断关注新技术、新业态，才有机会在变革到来时占据先机。

从传统零售时代开始，每一次变革都遵循相似的规律，底层技术和趋势推动表层商业形态和玩法迅速变化。内容是新零售时代最重要的商品属性，内容的兴起是不可逆转的大趋势，直播的形态在技术上早已成熟，围绕直播及其衍生形式的短视频、视觉识别，内容呈现的玩法再次升级。作为参与者，首先需要理解生态系统的游戏规则，可以选择利用规则做大做强，可以寻找空白部分，成为细分领域的创新者。拆解直播的六大元素，主播、观众、商品、内容、工具、流量，每一项在现阶段都处在选择的十字路口，平台和玩家都在探索，所谓的方法和路径仅仅能证明部分个案的成功。所以最好的办法不是坐而论道，而是动手尝试，这个时间段是最佳的实验窗口期，平台愿意投入资源扶持探索，而用户红利带来的自然增长也将好好地奖励第一个大胆吃螃蟹的人。

第四章

逆向生产

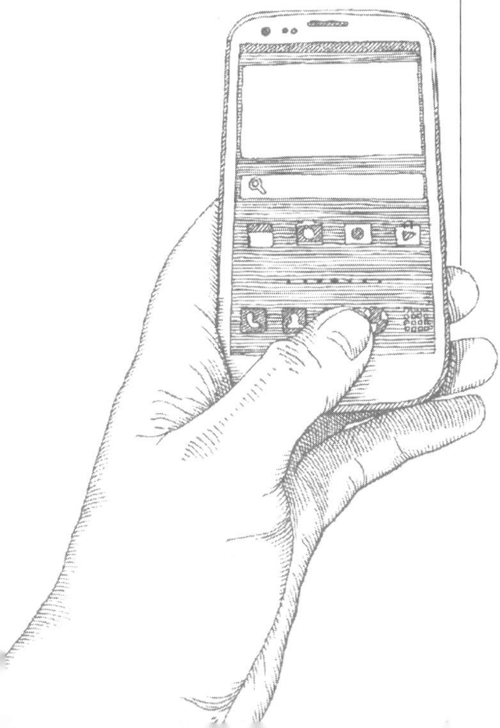

生产链路重构

我每天在与零售行业的朋友讨论新零售对行业的冲击和未来的变化时，大家都热衷于讨论商品的变化、业态的变化、消费的变化……而提到生产，激烈的讨论往往瞬间冷场。这是为什么呢？我问过做终端零售和电商的朋友怎么看生产和制造，他们大部分的反馈是，生产环节离自己太远，作为终端能做好选品就很不错了。与这一观点相反，在进行本章的讨论前，我先抛出一个结论：新零售时代，生产对于谁都有独特的意义，而在新零售的体系内，再也不存在所谓的“遥远的距离”。

对此，我们首先需要探讨的是，生产环节在新零售中扮演怎样的角色？

以传统零售的视角看，产品从研发设计、生产，到渠道代理，最后通过零售送到消费者的面前，整个路径是线性的，这就是我们常说的产业链。产业链上每个环节都有玩家，比如品牌商可能会负责产品的研发设计，制造商负责生产，再传递给渠道商、零售商。每一个环节基本上只需要对自己的上下游两个环节负责。如此看来，零售商在产业链中处于最靠近消费者的位置，也难怪其对生产提不起兴趣，毕竟可以掌控的部分太少，甚至连沟通都成问题。

而产业链不可能一成不变，业态在发展，这根链条已在不断地弯折变化。主要的表现就是去中间化，即品牌主通过电商直接参与零售。以天猫为例，其财报披露，世界上最有影响力的品牌八成以上已经入驻天猫。另外，在这个新零售时代，产业链不仅仅是弯折变化，它还会在新技术、新经济体形态的推动下，压缩、逆转、分叉，直到我们可能都不适合用链条来称呼它。我们把这一整套的变化称为链路重构。

从不同角色的视角出发，链路重构有这么几种表现。首先是方向的变化，其中消费者逆向牵引是一个趋势。C2B（消费者对商家）、C2M（消费者对制造商）都是业内人士经常挂在嘴边的关键词。然而，消费者的诉求是千差万别的，所以随之而来的就是个性化定制，准确说是大规模个性化定制。

Shoes of Prey 是澳大利亚悉尼的一个年轻的互联网鞋类品牌（见图 4.1），有一家私人定制女性鞋靴的网站，用户可以运用三维建模技术定制鞋的颜色、材质和款式，自己设计女鞋。厉害的是，用户在为自己设计鞋子时，考量的维度包括款式、鞋跟高度、材质、颜色、尺码、脚的宽度等，理论上，可供选择的组合数量是天文数字——190 万亿！在用户为自己设计好鞋子之后，该公司将按照用户要求进行手工制作，并在 5 周之内发货，为用户提供全套的鞋履定制服务，每双鞋子售价约为 225 美元，目前该公司年销售额接近 5 000 万美元。

图4.1　Shoes of Prey 联合创始人朱迪·福克斯（Jodie Fox）、迈克·克纳普（Mike Knapp）和迈克尔·福克斯（Michael Fox）

资料来源：http：//news. efu. com. cn/newsview-1143517-1. html。

自2009年公司成立以来，Shoes of Prey 已为全球范围的女性用户在线定制了超过500万双鞋，斩获多项零售大奖。Shoes of Prey 不单单是一家时尚企业，它还解决了生产和物流两方面的问题，其“按需生产”的模式将引领时尚及零售产业的变革。Shoes of Prey 已经在全美6家诺德斯特龙（Nordstrom）门店开办了实体设计工作室。此外，用户也可访问 Nordstrom. com 在线定制鞋履，这成为品牌的又一销售增长点。Greycroft 联合创始人兼合伙人丹娜·塞特尔（Dana Settle）称赞这种“按需生产”有效减少了产品浪费。

除此之外，Shoes of Prey 的实体店面还提出了一个全新的呈现概念——食人花，并把它付诸行动，打造出一个个性、美丽的零售鞋店。围绕着以食人花为核心的店铺陈列时尚个性、五彩缤纷，成为一个极具异域风情的商业空间、提供炫酷体验的场所，适合爱拍照的女性来此处体验。

而当你想购置一身合体的西服时，红领西服可以根据你身体19个部位的22项数据定制生产一套，整个过程只需要7个工作日，花费在千元左右。同样标准的西服由手工制作的话，至少需要一个月才能送到你的手上，价格也更加昂贵。

其次，牵头人也在发生变化，原来的生产是由制造商或者品牌商牵头，现在渠道商、零售商也可以牵头，消费者也可以牵头。也就是说，链条上的任何一个环节，在适当的条件下都可以牵头。所以我们看到了网易严选，看到了必要商城（消费者直连制造的电商平台），看到了社群电商、粉丝组团定制周边产品。可以说，零售行业的每个角色都参与到生产中。我们还可以看到，除了生产执行继续由制造商负责，其余与生产相关的组织活动也被分散到价值网的各个节点。每一种分散模式都可以视为新的商业模式，不同的模式和玩法带动了新的商机。所以，在零售商业里，我们必须懂生产，不是生产的技术而是生产的组织。例如，现在很多供应商玩起了全产业链，餐饮业的相关案例就有很多。餐饮的竞争，很多时候拼的就是供应链，掌握优质原料的议价能力可以成为很大的竞争力。很多供应商看到其中的商机，纷纷往下游走，有的“从幕后走向台前”，有的和在终端的餐饮企业做起了合伙人。正大集团——在国内非常知名的供应商，正在布局终端餐饮，推出了“可喜可禾”“面小蛮”“鸡酱法”等快餐品牌，涉足早、中、晚三餐。獐子岛集团——一个综合型海洋企业，和日本吉野家旗下的子公司京樽合伙开起了寿司店。当餐饮业的产业链条发生了变化，新的商机也就出现了。

最后是关键要素的变化，数据代替物料成为新的关键要素。我们一直在强调数据物理二重性是一切变化的动因，生产也不例外。原来在供应链的体系中，物料的流动是主线，数据或信息为辅助，而现在数据是主线，物料为数据服务。为什么要提这点呢？数据是虚拟的，物料是现实的，现实和虚拟的融合带来的是规模经济向范围经济转变的洪流（关于范围经济的内容我们在后面的部分会详细展开）。在这样的背景下，除了C2B、C2M、S2b，从供应链到小商家的概念也被提出来了，平台是否能够利用数据优势帮助小商家完成生产和供应链上各种要素的整合，赋能小商家更好地同用户互动，从而实现用户个性化定制的大目标呢？一些巨头平台已经有所动作，比如京东入股永辉超市，阿里巴巴入股联华超市、投资盒马鲜生，亚马逊收购全食超市。我们也的确看到了这些线下商家的升级，预计在未来还会有更多，我们拭目以待。

不过，我们还要认识到：以数据为关键要素的新零售生产模式，最重要的不是占有数据，因为数据的归属权变化并不会影响数据的使用，而是会促进数据的流通。只有数据在各个环节流动起来，才能真正发挥价值，这一点和货币很像。想象一下，如果把钱都藏在沙发底下，不拿出来使用，那么钱对于商品经济社会的意义就消失了，只有重新拿出来用于商品交换时它才有意义。

了解了以上变化，我们来重新审视一下零售环节和生产环节的关系。有的观点认为，社会分工越来越细、专业性越来越强，在新零售的大背景下，零售商应该重点关注同消费者的沟通，不应该把触手伸到生产的领域，生产就应该由制造业通过工业 4.0、通过智能制造来加速革新。这种观点貌似没有错，专业的分工是必然，但同时需要看到专业的融合也是必然。

不过，作为一个实干者必须还要了解什么时候分工，什么时候合作或者融合，这才具有指导意义。答案还是回到了数据上，一切都以促进数据的流通和应用为目标，当分工有利时就分工，让企业内部的数据高速流通起来；当融合有利时就融合，让企业间的数据高速流通起来。数据的流通和应用带来的是品质、效率，以及新零售最看重的产品体验的提升。比如运动超市迪卡侬，自己掌控全产业链，根据顾客的运动需求，在线上和门店反馈等的数据驱动下不断有了高性价比的产品，成为它的核心竞争力。这些差异自然会驱动企业的分分合合和价值网的变幻莫测，但这并不劳烦咱们分析人士费心，这是经济规律，我们的分析和理解只是注脚。

总而言之，在新零售时代，对于制造商来说，生产是机会，可以通过技术的升级重新建立行业的核心竞争力，也可以向下游延伸直至触及消费者。对于品牌商来说，生产是决策，链路重构意味着无数的模式选择，它们作为价值网的中心环节，每一种新的玩法都意味着巨大的变革。而对于零售商来说，生产是新的功课，从帮企业买货到帮消费者生产，角色的转变意味着思路的转变，对它们而言，不能再忽视生产，生产离自己的核心业务并不遥远。

C2B 定制化生产

我有一个怪癖，当看到商业模式的字母简称反复出现时就莫名烦躁，比如 B2C、C2C、B2B2C（电子购物平台模式），又如流行过一段时间的 O2O、SoLoMo［Social（社交化）、Local（本地化）、Mobile（移动化）］。美国电视剧《硅谷》（*Silicon Valley*）第一季中有一段情节：搞技术出身的主角一行参加硅谷鼎鼎大名的初创项目路演比赛 Techcrunch Disrupt，路演过程中每一个公司都宣称自己是社交化、本地化、移动化的产品，把 So、Lo、Mo 3 个缩写排列组合喊出了 SoLoMo、LoMoSo、MoSoLo 等一大堆看似时髦的简称堆叠（见图 4.2）。

现实中，我们也在不断接触新的理念，比如 C2B、C2M 等，很多时候大家对于同一个简称在概念上的理解是不太一样的，尤其在该简称出现的初期，所以经常出现两人在讨论时各说各话的情况。以 C2B 为例，C2B 究竟是不是定制化生产，工信部认为是，在《深化制造业与互联网融合：形势、任务与举措》的报告中，提到 C2B 时，加括号将其解释为“定制化生产模式”。而根据阿里研究院、《阿里商业评论》的说法，C2B 即 Customer to

图 4.2 《硅谷》视频截屏

Business（从消费者到企业）①，是一种商业模式。虽然两种说法提出的前后文背景不同，工信部和阿里研究院两个主体也不同，可以理解为同一个概念在不同的环境下有不同的解释，但是我们平时讨论的环境和背景又何尝不是这样呢？所以不用纠结名词，还是更多地去理解和探讨商业规律吧。

C2B 其实并不是什么新概念。十多年前在美国，随着电子支付和交易平台的完善，出现了专门的消费者组团订购的网站。比如欧美最大的旅游网站之一 Priceline，人们很早就可以在这些平台低价入住总统套房、购得便宜的机票，还有 Greentoe，这些都是后来国内轰轰烈烈出现的团购网站商业模式的先行者。2006 年美国洛杉矶新型电子商务年会上，报告人罗斯·穆勒（Ross Muller）首次使用了 C2B 的名称来形容此类电子商务网站及其运营模式和

① 资料来源：阿里商业评论，阿里研究院，孟晔：C2B 将成企业图存的不二选择，http：//36kr.com/p/5066208.html。

赢利模式。C2B 同 B2C、C2C 等概念类似，都是描述消费关系的英文缩写。之所以现在没有人再畅谈 B2C，是因为这个概念已经不再新鲜，它早已深入商业的应用中。而 C2B 经常出现在科技博客、商业评论中，只能说明这个有一定“年岁”的概念又有了新的内涵和外延。一方面工业 4.0、智能制造领域的大规模定制化生产沿用了 C2B 的概念名称；另一方面新零售强调的从用户出发、以消费者体验为中心的商业逻辑也选择了 C2B 作为理念载体。我们现在要讨论的，准确来说不是 C2B，而是大规模定制化生产和消费者逆向牵引的商业逻辑。

还是先抛出我的观点：无论是定制化生产还是从消费者到企业，本质上是生产模式的逆转，是从以生产者为中心向以消费者为中心转变。这个观点不是我总结的，是工信部总结的，还是在上文中提到的《深化制造业与互联网融合：形势、任务与举措》的报告中是这么说的：

> 支持企业利用互联网采集并对接用户个性化需求，开展基于个性化产品的研发、生产、服务和商业模式创新，促进供给与需求精准匹配。生产模式从以生产者为中心向以消费者为中心转变。

什么叫以生产者为中心的生产模式？什么又叫以消费者为中心的生产模式？有人说，这很好理解啊，原来生产者闭门造车再强行推销给消费者，现在以消费者为中心，考虑消费者的感受和体验，做出受到消费者欢迎的产品，这就是典型的从以生产者为中心到以消费者为中心。那我再问一个问题：苹果公司生产的iPhone手机、Macbook笔记本电脑的体验备受消费者推崇，那苹果公司符合C2B概念中以消费者为中心的生产模式吗？如果回答是“不符合”，那么如何解释消费者感受到的被重视和被理解？毕竟消费者感受到产品是以自己的需求和体验为中心设计的。如果回答是“符合”，那么我记得乔布斯曾经说过一句话：顾客不知道自己想要什么（People don't know what they want）。

所以，生产模式以消费者为中心不等于重视消费者，这两个概念不能画等号。判断生产模式是否以消费者为中心，最好的办法是看消费者是以群体还是以个体被对待。过去，在工业经济的生产模式下，消费者是一个面目模糊的人群。生产者需要按照自己的理解，通过市场研究，为消费者画像，再通过大规模生产、大众营销广告轰炸，建立大品牌，把商品植入消费者的心智中。虽然技术的发展，尤其是数据的累积，让消费者的面目清晰起来，消费者群体也被划分为更加具体的细分人群，但大规模生产、大品牌营销的方式并没有改变。直到某一个时刻，数据积累和数据技术已经发达到可以区分消费者的个体，无论个体向企业提出产品生产需求，还是企业为个体定制产品服务，大规模的生产已经瓦解，取而代之的是大规模定制化生产，这个时候生产就由量变引起了质变。

需要澄清的一点是，量变引起质变是一个长期的过程，我们正处于这个过程中。只能说提供以消费者为中心的定制化生产模式生产产品的企业会越来越多，但瞬间遍及所有行业，所有产品都采用以消费者为中心的定制生产模式是不现实的，哪怕发展了很长时间也不太可能实现。就如苹果公司依然会选用大规模生产的制造商，这并不影响它产品的品质和消费体验。

定制一台手机目前并不多见，而定制电器、服饰、家具却已经积累了一定消费者。定制化生产具体是如何实现的呢？首先定制化生产要加一个前提——“大规模”，我们今天讨论的定制化生产不是手工定制，而是自动化生产。抛开“大规模”这3个字，各行各业很早就接受定制了，比工业经济的历史要久得多。而大规模定制化生产依托的是互联网、大数据、云计算等基础技术的发展，在很多环节上，之前不可以而现在可以的技术飞跃，并不是简单的工艺突破或者单独某个技术的革新，而是众多因素共同作用的结果。

具体来看，定制化生产可以归纳为4个步骤的循环：个性化需求采集、定制设计、柔性生产和精准营销。互联网的发展带来的是消费者多维度、精准、全息数据收集的可能性，消费者的诉求不再是一团模糊不清的杂音，企业可以通过建立对话机制与消费者高频互动、交互信息，完成个性化需求采集工作。企业内外部生产要素在数字化、智能化的协调机制下，完成定制设计和柔性生产工作。最后匹配提出需求的消费者，完成一次循环。定制过程中需求和定制化产品的匹配数据被保存下来，为后续相同需求积累模板（见图4.3）。

4个步骤中，最关键的一环就是柔性生产。需求采集、定制设计、精准营销在与零售价值链的其他环节的协同中已经得到了

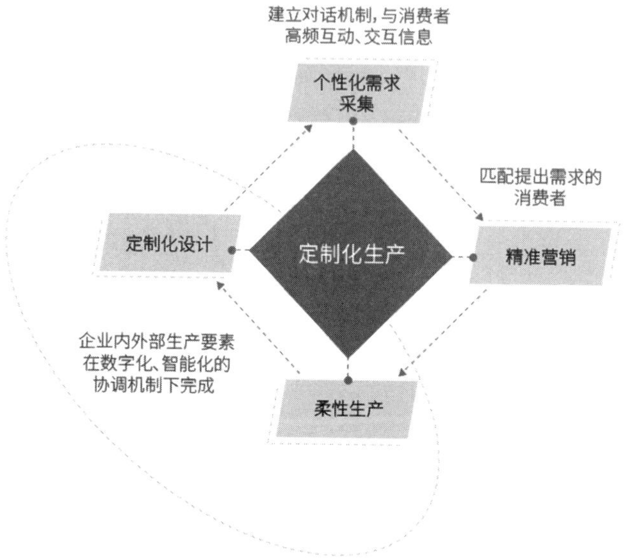

图 4.3　定制化生产的 4 个步骤

不同程度的发展和实践，而柔性生产是生产环节独有的，综合了机械、自动化、信息、管理等多学科技术革新。

第一次听到“柔性生产”这个词，你一定会产生一种虽然不明白它说的是什么，但看起来很高深莫测的感觉，如果是有管理背景或者热爱阅读经管类畅销书的朋友，可能会马上联想到“柔性管理”。但事实上，此“柔性”非彼“柔性”。柔性管理（Soft Management）和柔性生产（Flexible Production）根本不是同一个“柔性”。柔性管理的“柔性”是指非刚性，具有一定的回旋余地，和人性化管理有类似之处。而柔性生产中的“柔性”即灵活性，简单地理解就是生产的灵活性。同一条生产线，今天生产衣服，明天就可以生产裤子，我们说这条生产线切换起来很灵活，它就具有一定的柔性。

在大规模定制化生产中对于柔性的要求很高。举例来说，制作定制西服，在青岛红领西服（2017 年年初已正式更名为“酷特”）的工厂里，每一套西服共有 163 道缝制工序、298 道总工序，流水线上每一张订单和它相邻的订单都完全不同，这样的定制服装，红领每天要生产 3 000 套/件。[①] 如何保证每道工序都分配给能完成这道工序的熟练工人？工序之间如何衔接？在如此复杂的流程中如何保证效率？这些都是具体要解决的问题。

柔性生产技术标志着国家智能制造的水平。2016 年的《政府工作报告》中也提到了定制化生产模式：“鼓励企业开展个性化定制，柔性化生产，培育精益求精的工匠精神，增品种、提品质、创品牌。”

比如，德国费斯托公司是世界上著名的气动元件、组件和系统的生产厂商，其产品线多达两万多个部件，可以组成 10^{40} 个产品种类组合，根据全球超过 30 万客户的需求定制不同的产品和生产计划。

柔性生产技术的基础是生产装备本身的技术。从商业的角度出发，我们理解到以自动化数控设备为主，实现多品种、小批量生产就好。有一个基础的逻辑还是非常容易理解的——模块化与

① 资料来源：乔芊，《柔性生产、C2M 的真实机会：不为人熟知的服装厂如何拿到复星投资，变成一桩好生意?》，http：//36kr. com/p/5058705. html。

组合。正如前面红领西服和费斯托的例子，把最终产品分解为足够小的模块，模块与模块间生产相对独立，通过排列组合的方式能够产生极大数量的定制产品供选择。这与我们在产品章节提到过的从单一产品到产品组合的思想相呼应，一个是在生产环节企业内部的排列组合，一个是在消费环节企业外部的排列组合。之所以两者如此相似，是因为本质上两者都体现了物理与数据一一映射后，通过数据上通用的增殖模式来解决物理世界选择性匮乏的问题。

再往上一层是流程控制上的柔性。物理上，机械自动化层面上的柔性可以理解为一个人做事情很灵活，很有效率。但我们的工作非常复杂，需要很多人一起协作。如何保证大家有序、有效率地一起把事情做好，这就要靠流程控制的柔性了。

图 4.4 是一个定制化生产的流程示意图。[①] 客户提出定制需求，通过销售确认到达经营管理部门，如果属于企业生产的产品范围，就进入产品设计流程，如果是第一次生产还需要重新设计工艺。进入生产制造流程后，需要安排生产计划、调度人员物料、执行生产、过程监控、经过测试，最终交付产品。图 4.4 中所标示的至少有 26 个大的环节。

有一句话概括得很好，我们看得到的是生产装备的自动化，看不到的是数据流动的自动化，流程层面的柔性依赖的就是数据流动的自动化。还是以红领西服生产线为例。曾有媒体记者

① 资料来源：工信部，《深化制造业与互联网融合：形势、任务与举措》。

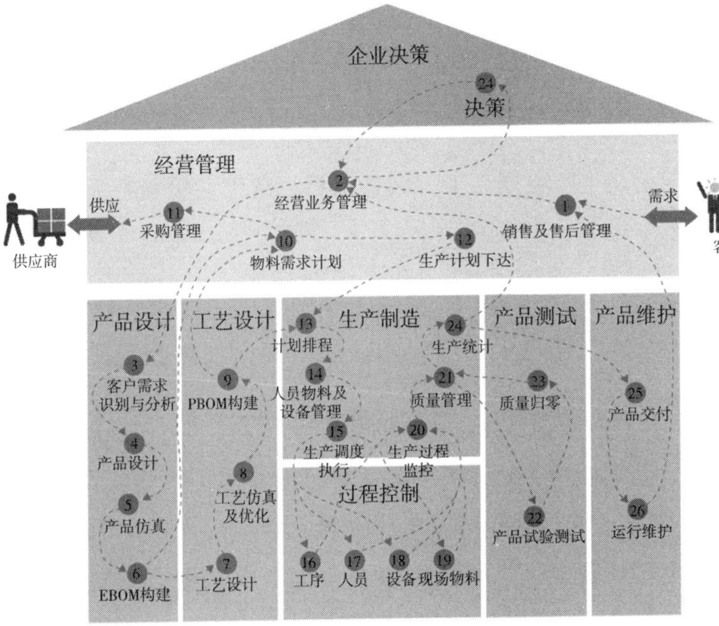

图 4.4 定制化生产流程示意

资料来源：http：//dy. 163. com/v2/article/detail/BRQKTTKP051197PV. html。

深入工厂报道过车间现场。工人的工作台左侧上方的吊挂系统悬挂着 3 件等待加工的衣料；头顶正上方，由一共 7 排、每排 15 支不同颜色和质地的纺线形成严密的矩阵；右侧下方的旋转储物柜里摆放着上百种扣子，只要轻抬胳膊或微伸手臂，就可以取用它们。这都是为了提高生产效率，精心排布过的。最重要的装备是一个 6 英寸大小的显示屏，它被集成于缝纫机上方。“嘀”的一声刷下专属的磁卡，当前订单的袖口工艺就会显示出来，扣子 3 粒或 4 粒，扣眼单色或多色……还有的订单别出心裁，要求扣子紧凑交叠，状似鱼鳞。标准化程度更低的工序，比如上袖，一个上袖女工面前的显示屏上写着：凸肚体/袖肥。这意味着她要依靠经验和手感，把收口处留大些，并使袖子适度靠后，以保证这件衣服的主人不会觉得腋下紧绷。① 这些显示器传递的就是生产数据，工人做好以后，数据会更新，流动传递到下一个工序。

除了生产装备和流程，在更宏观的层面上，合作分配模式也能提升柔性。南极人是国内知名的保暖内衣品牌，其产品涵盖保暖内衣、基础内衣、童装、母婴用品、男装、女装、生活用品、保健用品等 129 个子类目。南极人从 2010 年开始转型作电商，2015 年全面放弃线下实体渠道。在生产方面，南极人大力发展电商产业园。产业园由南极人旗下南极电商主导，具有供应链资源的供应商和具有分销能力的销售商共同参与。通过大数据系统平台，把产品流、数据流、信息流、物流、资金流、服务流集成和重构，形成了柔性供应链服务平台。② 服务平台消化了超过 300% 的订单增长。这种整合上下游的柔性供应链模式也被迅速复制，2016 年年底，南极电商园区数量达到 9 家。南极人有能力在供应商、销售商和自身之间架设柔性供应链模式。从生产到供应链，数据跨越企业的界限进行流动，提升了企业间协作的效率和灵活性。除了商业模式和分配机制上的设计，企业间

---

① 资料来源：乔芊，《柔性生产、C2M 的真实机会：不为人熟知的服装厂如何拿到复星投资，变成一桩好生意?》，http：//36kr. com/p/5058705. html。

② 资料来源：云阳子，《砍掉门店做电商、去年赚了 3 亿多，这家公司为啥还要担心未来?》，https：//www. huxiu. com/article/189589. html。

数据技术的同时进步是先决条件，这也是为什么要做产业园、统一数据技术能力的原因。

至此，在生产装备、流程控制、合作分配模式 3 个层面上，生产的柔性或者说灵活性得到了大幅提升，使日产 3 000 套定制西服，或者实现 10 万个不同的部件组合成为可能。

范围经济

一个好的模式从试验到大规模商用不仅需要突破技术瓶颈，也要符合经济规律，定制化生产的背后代表的是新的经济规律。工业化生产时代，规模经济是企业发展、制定发展战略的理论基础，是指在一定产量范围内，同种商品随着产量的增加，平均成本不断降低。基于规模经济，企业需要抓住主流人群的需求，集中力量生产预期销量最好的产品，然后通过大规模营销，建立强势品牌，拉动消费。当销量上升时，企业的平均生产成本进一步下降。比起竞争对手，产品可以更便宜，质量可以做得更好，最终形成市场的垄断地位。比如好市多（Costco），30 年前就开始营造社群，即美国中产阶级。它的任何一个商品，包括很多高质量的产品，都只有 1% ~14% 的毛利率，产品好，价格便宜，所以好市多的顾客忠诚度极高。对于价格的把控，好市多是通过两个制度做到的：一是商品毛利率一旦超过 14% ，需要向首席执行官汇报，再经董事会批准；二是如果一个商品的供应商给其他地方的价格比给好市多的低，那么这个商品就永远不会出现在好市多的货架上。如此一来，价格自然会很便宜。和山姆会员店

（Sams）一样，好市多也是会员才能购买的，美国人经常说，一旦去过好市多两次，就再也离不开它了。第一次是需要适应会员制，第二次就会觉得价格真是便宜，质量、服务都没的说。与其说好市多卖的是商品，不如说它卖的是服务和体验。如此，好市多有了会员费做支撑，就有不断降价的底气，价格越低，会员也就越多，从而进入良性循环（见图 4.5）。

图 4.5　好市多店面

资料来源：https：//read01.com/4yOyM.html。

现在的消费市场，大家对于产品品质和体验的要求越来越高，个性化需求不断涌现，而规模经济生产出来的产品同质化程度高，价格上竞争激烈，渐渐丧失了优势。比如女鞋品牌达芙妮，2015—2016 年关闭上千家店铺，现有店铺销售量下降 11.7%。官方给出的解释是因为市场低迷和租金压力大，而真实原因，恐怕是消费者需求更高，又有太多的同质化产品，竞争过于激烈。再比如淘宝女装的销售，同质化产品过多，价格竞争残酷，近两年，服装业终端销售不畅，库存积压，性价比成了消费者选择服装产品的重要指标。

在商业发展的此消彼长中，范围经济出现了。所谓范围经济，就是当同时生产两种或者多种产品时，费用低于分别生产每种产品的费用。当生产呈现范围经济时，产品种类会极大地丰富，个性化需求、小众需求都可以得到满足。

李冠娇从英国留学归来后，和好友冯爽一起创立了本初子午这个品牌。设计“科班”出身的她在交流中难掩自己对于印花的喜爱。在推荐送给朋友的礼物中，我被印有中国传统仙鹤纹饰的手机壳深深吸引住了。用李冠娇的话来说，在颜值当道的时代，本初子午的出现为颜值控们带来了福音。如何装饰出个性又有高级感的生活场景，轻松应对搭配烦恼和选择困难，这是她们总结的用户痛点。她们选择了从印花这个角度切入，产品的种类囊括十余个生活场景（出街配饰、享乐客厅、餐桌美学、睡眠工程师等），60 多个品类（见图 4. 6）。

本初子午专注的是印花设计元素，以高频生活场景为驱动的品类拓展路线，在生产上引入国际知名品牌代工厂的供应链。同时生产 60 多个品类的产品，会比单独生产某几个品牌的产品更适合李冠娇和冯爽这样的设计师兼品牌创始人。设计元素作为更容易被数据化复制的内容型生产要素，应用得越多越广，边际设计成本就越低。也正是因为范围经济不断发挥作用，像本初子午这样的经营生活方式的品牌和门店才越来越多。

前几年的热点“长尾经济”其实也是范围经济的具体表现之

图 4.6　本初子午产品宣传

资料来源：http：//www. bczwlife. com/。

一，小众市场聚沙成塔，给企业实施差异化战略创造了空间。比如，为什么范围经济会替代规模经济呢？答案还是数据。范围经济生产多种产品比分别生产每种产品成本要低，原因是多种产品可以共用设备、物料等物理资源，和技术、管理等虚拟资源，共用的程度越高，成本就越低。物理层面的资源，共用起来是有一定上限的，比如一台机器在生产甲产品，它就无法同时在不改变其他条件下生产乙产品。一块布料，用来做这件衣服就无法毫无损耗地用来做另一件衣服，这一点和规模经济是相同的。但是虚拟的资源使用起来，并不会对资源本身造成损耗。比如生产流程中产品个性化需求的数据，甲产品在设计过程中使用了，丝毫不会影响乙产品再使用。相反，使用得越多，数据流动得越充分，数据的价值越大，能够产生的作用就越神奇。还是举西服的例子。定制一套西服，需要根据采集到的身体特征数据打版。打版这个工艺技术含量很高，曾经有企业愿意花500万元年薪聘请打版师傅。在初创期，从2003年到2008年，红领西服积累了超过200万组顾客定制的版型数据。之后，技术团队经过4次创新尝试，才建立起用户数据和版型数据之间的匹配算法，自动化打版才得以实现，[①] 而这套算法是红领最有价值的数据资产。

数据作为共享型的生产要素，能够在不同产品的制作中发挥效用，使得范围经济的效用日渐明显。2017年，美国平价美妆品牌封面女郎（Cover Girl）推出名为“Custom Blend”的App，专门出售定制粉底液。用手机摄像头扫描面部，App会在分析肤色、密度、底色后生成一串数据指数，据此配置出最适合用户的色度。此外，用户还可以选择包装上的字体、标签颜色，填写姓名和寄语。这些数据信息提升了用户的体验，并且其个性化的商品也吸引了很多消费者。

另外，企业会愿意用模块化、组合化的方式定制生产，提供丰富的产品组合供消费者选择。比如苏宁与小米、联想、海尔，甚至五粮液等厂家合作，以C2B反向定制的形式，打造了不少的爆款产品。再比如蜜芽，如果单一依靠母婴品牌产品，在竞争中会十分被动。它除了在面向母婴人群的基础上提供更多关联品类之外，还在美妆、居家、食品保健等家庭消费领域布局，对目标消费人群全方位触达。同时，蜜芽还做了横向拓展，如开发蜜芽

---

① 资料来源：乔芊，《柔性生产、C2M的真实机会：不为人熟知的服装厂如何拿到复星投资，变成一桩好生意？》，http：//36kr. com/p/5058705. html。

圈的社区论坛，与美中宜和医疗机构合作等。这样一来，用户需求多样，在蜜芽的电商平台上购买的用品不再是单一的纸尿裤、奶粉等，还会购买玩具、美妆、童装等品类的产品。

现代消费需求的多样化与个性化，使得零售市场上的个性化产品越来越多，但并没有使规模经济的规则失去意义，通过产品的系列化和高度完整的标准化，实行“多品种、少批量、大量生产体制”，规模经济依然将深刻地影响着企业的生产经营和发展。

消费者逆向牵引

前面详细讨论了大规模定制化生产，那么 C2B 是否就等于定制化生产呢？这样狭义地进行理解也不是不可以。但是从应用面的广泛性角度，我更偏向阿里研究院的提法，把 C2B 看成一种模式——从消费者出发，逆向牵引商品链路的模式。

讨论定制化生产，很多做零售终端的企业主并不是特别感兴趣，从列举的企业就可以看出，这是兼具实力和眼光的大企业的战略布局。作为零售端，除了理解其原理和发展趋势，并不能直接应用于工作中。而讨论消费者逆向牵引与此不同，从思路到方法论，普遍适用于零售的各个环节，接下来我们一条一条地讨论。

阿里巴巴集团学术委员会主席曾鸣在论坛分享中提道："C2B 模式是对传统工业时代 B2C 模式最根本的颠覆，是新商业创新最重要的工作。只有当 C2B 开始大规模兴起的时候，整个商务的全链路才会彻底地被互联网重构。"有大量的专家学者从消费者地位变化、组织环境变化、产品服务变化、研发设计变化等方面来论述 C2B 对于传统模式的颠覆。我在研究新零售内容的过程中也不断在思考一个问题：有没有一个规律、一条主线能贯穿新零售所有模块，解释驱动变化的最根本的原因呢？这一条规律在本书中反复出现，不断从根源上解释和归纳其他原理，它就是新零售第一定律——物理与数据二重性以及融合的思想，它不仅能解释新零售的各种规律，同时还能预测新零售的趋势，并能通过类比总结出新零售的方法论。

从新零售第一定律的视角来看，C2B可以理解为物理世界的零售产品开始具有数据世界互联网产品的属性了。我们想一想互联网产品的生产营销过程就会非常清楚了。首先用户与产品的互动要比传统的商品销售积极得多，用户可以随时随地评论，对产品功能发表自己的意见，个性化定制自己的界面。其次产品开发设计人员也会通过大量的数据挖掘、运营分析，了解用户偏好和倾向。一旦把个性化设置的功能做好，为千万量级的用户提供独一无二的个性化体验并不困难，这就是典型的范围经济。

比如，亚马逊收购美国最大食品超市全食，消息一出，让美国包括沃尔玛在内的三大零售巨头股价大跌。在业界，这被视为美国超市的集体溃败。为什么会如此？这就是新零售的威力。全食有456家门店，借助亚马逊的高科技技术进行转型升级，如无人超市、大数据，这些可以加强对消费者的触点、需求的挖掘能力。且不说利用自己对供应链的管理和控制可以如何降低成本、提升效率，单单是赢得消费者，就会让亚马逊占得更大的市场份额。此外，对比沃尔玛，电商可以不受空间限制，上架更丰富的同类货品，通过挖掘消费者需求，很快就能形成新的价值网络，打造更多增值服务（见图4.7）。

图 4.7　亚马逊收购全食宣传页

资料来源：http：//cj. sina. com. cn/article/detail/2695676131/288358。

把握了这一点，我们再来看新零售适应消费者逆向牵引的趋势。概括起来有以下 3 个原则，而这 3 个原则都是互联网产品理论的精华。

1. 对话

很多观点认为，C2B 就是给消费者话语权，这种想法是片面的。传统零售时代，消费者就没有话语权吗？“顾客是上帝”早在几十年前就提出来了。企业在开发一款新产品时也会投入大量的精力做消费者研究，通过问卷、访谈去了解消费者的态度。这些都是在不同程度上践行赋予消费者话语权的主张。假设有一款移动应用，在设计之初做了一定的用户访谈工作，然后设计研发，再交给另一个公司运营。应用中没有任何模块可以让用户评论、反馈，用户需要被迫接受设计人员“安排”的功能，如果遇到问题，只能打电话投诉，或者干脆把应用删除。请问这样的应用能在市面上存活下去吗？这就是传统零售。

因此，要适应新形势，做好与消费者和用户的对话工作是C2B的精髓。记住，不是让用户说话，而是与用户对话。对话需要频次，需要内容，需要场景。电商比传统零售进步的地方之一是客服。“你好，我的衣服买大了，可以退货吗?”“亲，可以的，麻烦你寄送到××地址。”而在未来，上面的对话可能是这样：“你好，你们的产品功能太复杂了，有些根本用不到，可以去掉这两个功能，做个简单点的版本给我吗?”“好的，我已经提交给我们的设计师了，系统显示两周后做好，价格还比之前便宜了1/4。”当然，这只是一个想象的场景，实际情况应该是，把对话的环境有意识地设计到产品生产、营销的各个环节中，让用户参与进来，通过不断地对话、试验、确认，让产品无限贴近用户内心的需求。用户不仅能贡献大量的需求、建议，还能获得参与感，这也变相地提升了体验。介绍小米公司口碑营销的畅销书《参与感》列举了大量真实案例，对具体做法感兴趣的朋友可以仔细阅读。小米的崛起很好地证明了如何用互联网的方式做传统的手机零售。对话思想也被小米概括为“与用户做朋友”。

还有一个很好的例子——素型生活，其正是通过线下利用线上数据陈列、推荐商品，促成交易（见图4.8）。素型生活与59个互联网品牌进行跨界合作，实现线上线下时时同款同价，每周百款同步上新，24小时不打烊。在选品上，借助阿里巴巴的大数据，分析某区域最受欢迎的品牌款式，实现了精准化筛选，选择符合店铺定位的商品。下单环节，用户扫描商品标签上的二维码

图4.8　素型生活店面

资料来源：https：//kknews. cc/tech/aekl85v. html。

就能看到网上销售的价格，同时还可以选择在线上买单，快递到家。这种线上线下打通的全新消费者购物体验，就是基于消费者的大数据，通过对话得来的。其实，关注消费者的进步，商家就能随之进步，就像谈恋爱，有共同语言，才能拉近两者的距离。

2. 迭代

很多电商在目前阶段并不具备生产能力，它们的问题是如何选品。我们就以选品为例，讲解一下迭代的步骤。第一步，用多品种、小批量、浅库存测试市场，捕捉消费者需求。第二步，反馈畅销和滞销商品，让供应链上的制造商补货或者停止生产。第三步，补货过程也是遵循少量多次的原则，在保证不断货的同时要做到零库存或者低库存。每一次反馈循环，我们称为一次迭代。我们要尽可能缩短迭代的周期。在互联网产品的方法论中，迭代是一个持续的工作，“版本”需要不断更新，强调“小步快跑”。这样的好处是，风险被最大限度地分散开来，尤其是面对复杂多变的市场环境，试错的成本最多也就是一个迭代周期的成本（见图4.9）。

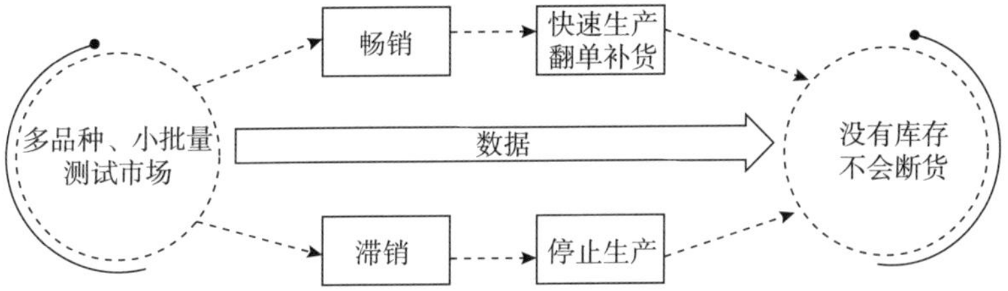

图4.9　阿里研究院报告中关于电商平台C2B表现的示意

互联网产品方法论还有一个和迭代密切相关的概念——敏捷（Agile）。敏捷的思想能帮助企业更快、更好地完成一次又一次迭代，制作出以用户体验为中心的好产品。敏捷是一个非常系统化的体系，其中最著名的是《敏捷宣言》（Agile Manifesto）。

> 我们一直在实践中探寻更好的软件开发方法，身体力行的同时也帮助他人。由此我们建立了如下价值观：
>
> - 个体和互动高于流程和工具；
> - 工作的软件高于详尽的文档；
> - 客户合作高于合同谈判；
> - 响应变化高于遵循计划。
>
> 也就是说，尽管这几句话的后半句有其价值，但我们更重视其前半句的价值。
>
> 我们遵循以下原则：
>
> （1）我们最重要的目标，是通过持续不断地及早交付有

价值的软件使客户满意；

（2）欣然面对需求变化，即使在开发后期也一样，为了客户的竞争优势，敏捷过程，掌控变化；

（3）经常地交付可工作的软件，相隔几星期或一两个月，倾向于采取较短的周期；

（4）业务人员和开发人员必须相互合作，项目中的每一天都不例外；

（5）激发个体的斗志，以他们为核心搭建项目，提供所需的环境和支援，辅以信任，从而达成目标；

（6）不论团队内外，传递信息效果最好效率也最高的方式是面对面的交谈；

（7）可工作的软件是进度的首要度量标准；

（8）敏捷过程倡导可持续开发，责任人、开发人员和用户要能够共同维持其步调稳定延续；

（9）坚持不懈地追求技术卓越和良好设计，敏捷能力由此增强；

（10）以简洁为本，它是极力减少不必要工作量的艺术；

（11）最好的架构、需求和设计出自组织团队；

（12）团队定期地反思如何能提高成效，并以此调整自身的举止表现。[1]

---

① 资料来源：智库百科，《敏捷宣言》，http：//wiki. mbalib. com/wiki/% E6% 95% 8F% E6% 8D% B7% E5% AE% A3% E8% A8% 80。

《敏捷宣言》中谈的是软件开发，其道理却适用于所有符合互联网产品开发规律的商业模式，新零售恰好是其中之一。说句题外话，我本人也是敏捷理念的忠实信徒，敏捷的方法对我的咨询工作和创业重点中的具体问题帮助很大。

3. 平台

在互联网领域，几乎每一个产品都希望成为平台，每个投资人都最看好具有平台潜质的产品。在一个数据共享的环境里，平台享受最丰富的数据，通过价值链上的优势位置占尽先机，并且可以整合资源完成原来不敢想象的工作。我们可以大胆预测，在新零售领域用 C2B 模式走在前面的企业，最终都会选择成为平台。前面提到的南极人，通过成立电商产业园，成为品牌商整合上下游的供应商和渠道商。海尔成立了海立方创客加速平台和海尔 U + 智慧生活开发平台，整合了内外部的创客资源，实现了创客产品的孵化生态圈布局（见图 4. 10）。

平台的作用，不仅仅是链接供应链上的玩家，也是企业自身变革的需求。近年来，创业风行，企业也开始重新思考内部创造性人才的出路问题。在新零售发展的浪潮里，企业适时调整人才定位，利用企业标准化流程来完成规模经济的产品，同时构建开放、容错的内部孵化平台。创新型人才可以用更具开创性的办法解决消费者的问题。在新的环境下，个人与组织的关系日渐松散，消费者、员工、合作伙伴都有用脚投票的权利，恰巧 3 者的需求都可以通过平台来相互满足。消费者需要充分互动，创新型

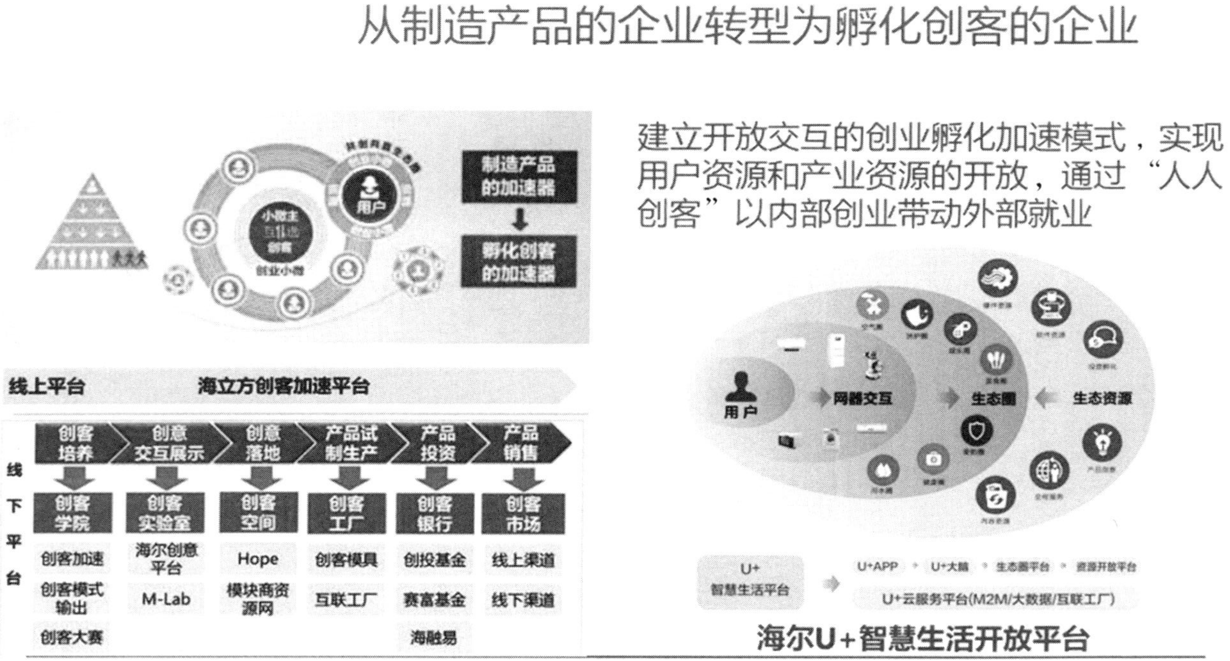

图 4.10 海尔创客平台战略

资料来源：阿里商业评论，阿里研究院，孟晔：C2B 将成企业图存的不二选择，http：//36kr. com/p/5066208. html。

员工需要真实项目锻炼，合作伙伴需要合作契机。从某种意义上来讲，不是企业在构建平台，而是平台在推动企业变革。阿里研究院高级专家孟晔是这样描述C2B与企业组织平台化关系的："实现同消费者的充分互动，以及利用外部力量形成快速反应的社会化协作网络。最大限度地调动内部员工的积极性，拉大内外的信息接触面。"① 事实上，平台化或者说社会化协作网络不仅体现在C2B的实践中，在后续章节的内容里也会有所体现。

当然，C2B也不是万能的，其在不同的行业、产品属性、技术发展阶段都会有一定的局限性，目前应用比较多的行业包括电子、电器、服装、家具等。

C2B的局限性主要体现在下面两个方面。

1. 消费者要清楚自己想要什么

目前，数据挖掘、协作机制大多还在比较初级的阶段，设计端暂时无法快速翻译消费者模糊的需求，所以定制的范围也集中在客观易表达的部分，比如颜色、图案、尺寸、配置等。如果需要翻译需求，必须具备大规模协作式产品设计团队。例如，有一些服装企业引入了外部设计师团队，消费者可以通过平台选择设计师，由设计师挖掘需求、完成设计并提交平台，再

① 资料来源：阿里商业评论，阿里研究院，孟晔：C2B将成企业图存的不二选择，http：//36kr. com/p/5066208. html。

进行定制化生产。

2. 产品生产要容易模块化

定制化生产的技术逻辑是模块化再组合。但并不是所有的产品生产工艺都能模块化，有的产品工序之间很难组合，有的组合起来成本太高。例如，苹果手机定制的成本远远超出消费者愿意为定制支付的溢价。

总结起来，C2B是数据与物理深入融合的产物。对于品牌和制造商来说，定制化生产是值得研究的战略布局。定制化生产的特征是以消费者为中心，即把消费者当作个体而不是群体对待。定制化生产包括需求采集、定制设计、柔性生产和精准营销，其中柔性生产是关键。柔性其实就是灵活性，提升生产的柔性可以从3个层面入手。最底层是装备技术的柔性，简单地理解就是模块化再组合。中间层是流程控制的柔性，关键在数据流动的自动化，我们看得到的是生产装备的自动化，看不到的是数据流动的自动化。最上层是合作分配模式的柔性，让企业间的数据流动效率提升到企业内的水平。定制化生产背后隐含着经济规律的变迁，从规模经济到范围经济的变迁。范围经济通过共享数据等虚拟资源，可以实现同时生产多种产品比分别生产单一产品更低的成本。对于零售商来说，C2B代表消费者逆向牵引的思维模式和与之匹配的商业模式。未来新零售的商品生产会越来越像互联网产品的设计研发，所以要把握好三个原则：一是对话原则，尽可能增多设计与消费者交互的环节，提高频次，扩展内容；二是迭代原则，学习互联网思维，小步快跑，持续改进；三是平台原则，做好成为平台的准备，为内部员工、外部合作者和消费者的诉求提供有机结合的载体。最后要注意的是，C2B 目前还有很多局限性，因而更适用于消费者能说清需求、产品容易模块化的行业。

严选模式：新 ODM

中国的电商喜欢造节日，继“双十一”之后，“618”也被硬生生地造成了“买买买”的狂欢节。2017 年的“618”，除了天猫和京东两大传统电商巨头外，网易严选异军突起，从小众走向大众视野。现在讨论新零售的供应链或者电商新模式，网易严选几乎成为绕不过去的话题，就和之前讨论小米一样。“严选”已然成为新 ODM 模式（Original Design Manufacture，译为原始设计商，俗称“贴牌”模式）的代名词，其他垂直领域的同类模式都介绍自己为某某领域的“网易严选”。本节，我们将重点讨论“严选”模式。

2016 年 4 月 6 日，网易严选正式上线。用网易掌门人丁磊的话来说，网易严选给人的感觉应该是“超出你的预期，有一点小惊喜，安全、放心、靠谱”。网易严选是少有的丁磊亲自抓的项目之一，也可以说是丁磊的“情怀项目”。从给消费者的感知和风格上，网易严选和无印良品很像，而在最初的宣传方式上，无印良品、蔻驰、新秀丽等品牌原厂制造生产对消费者也极具吸引力。对于消费者来说，和大牌一样的工厂、和大牌一样的材质，花 1/4 ~ 1/3 的价格获得从外观到品质都相差无几的产品，是一笔划算的买卖。截至 2017 年 5 月 21 日，网易严选 App 的用户保有量为 150 万。包括网易严选在内的邮件、电商及其他服务为网易 2017 年第一季度贡献了 24.6 亿元的净收入。丁磊甚至定下 2017 年严选实现 70 亿元 GMV（一定时间段内成交总额），2018 年这个数字达到 200 亿元的目标。①

网易严选的横空出世，让平台势力二元对垒已久的电商领域有了新的破局者，“严选”模式成为大家讨论的焦点和效仿的对象。易观智库发布的《中国网络零售 B2C 综合年报 2017》指出，品质化升级、深度挖掘电商存量市场价值等推动了 2016 年电商行业的发展。报告指出：“在国内消费升级的市场环境下，以网易严选为代表，通过 ODM、C2M 等制造方式向上游制造商渗透的品质化电商，将成为网上零售业升级的一个重要趋势。”

“严选”模式或许算一个新事物，但向上游制造商渗透的 C2M 却并不新。成立于 2011 年的薇仕（Wish）是北美目前最大的移动电商平台，通过直接对接制造厂商，用户可以买到各式各样物美价廉的非品牌商品，如 3 美元的墨镜和 6 美元的衬衫等。与“严选”相反，薇仕采取“宽选”的模式，平台商品种类极其丰富，且以功能性产品为主，便宜好用就行，谈不上品质，更偏向“节俭生活”的理念。平台在 2016 年 11 月接受了新一轮投资

① 资料来源：唐棵，《蜜芽上线“兔头妈妈甄选”，会成为母婴行业的“网易严选”吗?》，http：//36kr. com/p/5078580. html。

之后，估值至少40亿美元，京东还曾经投资了5 000万美元。薇仕的策略主要在物流和营销上，砸重金建仓储中心，将交货时间缩短到6天左右，并投放了大量购买效果广告，曾经一度是脸书（Facebook）的头号广告客户。

无论是网易严选的品质生活路线还是薇仕的节俭生活路线，便宜是C2M共同的特征。如果说电商是没有中间商赚差价，那C2M连品牌主的品牌溢价都没有了，如此大的利润空间由消费者和C2M平台共享，难怪大家都跃跃欲试，纷纷启动“严选”项目。淘宝在2017年5月26日悄悄上线了“淘宝心选”，主打优质低价商品和简单生活。小米上线了精品生活电商平台“米家有品”，腾讯发布自媒体电商平台“企鹅优品”，垂直领域的有母婴行业的电商平台蜜芽上线的自有品牌“兔头妈妈甄选”等，主营吸管杯、辅食勺等产品。

为什么网易严选能够成功？分析人士给出的答案可以归纳为以下三个方面。一是网易深刻理解中国零售制造行业的痛点。一大批优秀的制造企业，虽然服务于国际大牌供应商，却长期处于价值链底端的弱势地位。网易通过更温和怀柔的政策将困扰供应商的压货款和不稳定问题解决了，再加上海外高端消费市场不景气，使制造商乐于与网易合作。二是网易强大的品控能力。除了自有团队深入源头审核外，还舍得自费将样品送往权威的第三方检测机构检测。三是网易追求基业长青的气质和总负责人丁磊的生活家情怀。

我不反对唯结果论，网易严选成功了，所以它的做法是有道理的，但缺乏对规律的思考容易陷入对成功企业特质的盲目崇拜中。

我个人觉得以上三条并不是严选成功的充分条件，甚至连必要条件都算不上。第一，说到对供应商的理解，网易作为游戏巨头，要说它比阿里巴巴理解得更早、更透彻，我感觉说不过去。第二，网易严选的品控团队大多来自传统行业，也非网易内部培养，甚至网易为了做好严选项目可能还要重新适应制造行业接地气的做事风格，很难说网易严选在这方面有多大的优势。第三，网易“慢工出细活”的名声和创始人的风格确实和品牌相符，但说到工匠精神，小米也有、锤子手机也有，整个互联网行业稍微有点追求的企业都应该有，所以，这条只能说有帮助，算不上原因。

严选模式成功的充分且必要条件，我认为有两条：一是能成为信用中介；二是能持续成为信用中介。

要解释清楚这个问题，我们还是来看看品牌在零售行业中承担的作用。品牌有两大作用，其中最重要的是信用中介作用，而另一个作用是我们会在消费升级章节中提到的信号识别的作用，这个我们晚点再说。所谓信用中介作用，就是指因为信任品牌，所以不再浪费时间获取更多的信息来筛选出更符合需要的产品，而是选择直接购买品牌旗下的产品。这也是品牌战略的立足点，一旦消费者信赖品牌，就不需要再花大力气解释每一款产品为什么是同类产品中的最优选择。比如，小米公司最开始是做小米手机的，因为手机做得很不错，受到消费者信赖，小米的品牌也深入人心，于是，小米品牌成了信用中介。当小米推出充电宝、插座等产品时，消费者可能不会再去考量具体这个充电宝或者插座是不是比其他的充电宝或插座性价比更高，而是会直接选择购买。

企业要建立一个令人信赖的品牌需要花大力气持续投入。大牌商品除去生产和营销成本之后，比起严选模式中原厂制造的ODM贴牌商品还有那么多的利润空间，这个利润空间我们称为品牌溢价。假设我们不贴任何品牌标签，把这些商品详细标注各种原料、工艺，和其他同类商品放到一起售卖，那么消费者必须重新认真研究对比，甚至研究对比之后都无法甄别。这部分耗散浪费掉的时间成本和不确定风险，我们可以视为品牌溢价存在的价值。好了，现在如果有一个新的平台或者品牌能够替代原品牌，成为新的信任中介，那么新的品牌溢价就有了依附的主体。当然，这部分品牌溢价要足够多，新的平台或品牌可以让利一大部分给消费者，毕竟他们改变了原有的消费偏好，也可以让利一部分给制造商，最后还有非常可观的一部分留给自己。

从这个角度来说，网易、腾讯、小米、阿里巴巴、京东都可以做信用中介，就看消费者对各家的品牌信任度有多高了。其他垂直领域的企业也可以做，比如，大疆有没有可能做一个机器人和智能硬件消费产品的“严选”呢？再比如，学而思有没有可能做一个教辅材料的严选呢？都是有可能的。

消费者对品牌的信用中介的理解包含很多想当然的因素。就如同大家认为网易适合做品质生活电商一样，因为网易新闻、网易云音乐、《阴阳师》游戏等给人的印象都不错，有舍得打磨的感觉。大家也有可能认为某些品牌不适合做“严选”，因为它们可能出过医疗方面的负面新闻，或者长期给人以价格便宜量不足的感知，或者被曝光过仿冒品牌的丑闻，或者创始人的公众形象“剑走偏锋”等。从这个角度来说，不推荐品牌管理还在“挣扎”的公司进入“严选”行业。

有一个适合做信用中介的载体是一个好的开始。当消费者信赖你，闭着眼睛把选择权交给你的时候，下一步才是真正的考验。“严选”在鼓励消费者做对照试验，价格便宜是看得见的，体验好不好，消费者会打起 12 分精神做对比。和大牌比，和非大牌比，一旦有明显缺陷，信任将像多米诺骨牌一般倒塌。这么看，持续成为信用中介真不简单。举个真实的例子，我曾经购买了某国际知名品质生活品牌的毛巾，没过多久毛巾已经粗糙得可以在脸上划下印子了，此后我对该品牌的所有产品都产生了深深的不信任感。后来通过网易严选购买毛巾，以及托朋友帮忙从海外代购毛巾，我有意识地对比两种毛巾在使用了一个月后的变化，结果我就不透露了。通过这个例子我们可以想象，消费者在获得严选暗示，更加积极主动地测试对比。

要持续地成为信任中介，选品和品控是重中之重，这一点几乎所有关于严选的文章都强调过。既然如此，我们接下来会更多讨论容易被忽视的几点。

首先，匠人精神是可嘉的，但缺乏操作性。品控一定是标准化、可度量、有限度的，而匠人精神是因人而异、无法度量、追求极致的。企业必须要在产品丰富量、销量和产品筛选严格程度之间做取舍。

其次，有一个强大的品控团队和专业的品控流程不等于能做到让消费者持续信赖。品控是必须要设定一个衡量标准的，这个标准太高、太低，或者偏离了，品控团队作为执行者是没法改变的。标准太高，平台上的商品量就很少；标准太低，极容易因为某一款产品的负面反馈而毁掉整个中介信任；偏离了，才是最致命的。

品牌经过长期的消费者心智占据斗争，习惯于宣传差异化亮点，典型的例子如，在牙膏或者洗发水中加入“特别神奇”的物质成分。如果品控团队分不清营销概念和体验关键点，会很容易出现问题。比如，某品牌强调纯手工打造，而事实是其只有关键部分纯手工打造，其余为购买成套组件加工。品牌团队应该把注意力放在纯手工打造在功能体验上、外观上有什么不同，并主要考评这些维度，还可以在质量报告等材料中注明真实流程，甚至应该反向思考手工打造会不会产生质量风险点上。

体验的阈值

严选模式发展的瓶颈在哪里？这是一个非常有趣的问题。有人曾经开玩笑说，共享单车发展的瓶颈是颜色不够了，直到出现彩色的单车。严选模式的瓶颈又回到了新零售时代的商品唯一的评价体系——用户体验。

我们先来做一个实验，取一小杯纯净水，大约50毫升，一点一点地往里面加白砂糖，一边加一边搅拌，使糖充分地溶解。每隔5秒钟，品尝一下加了糖的纯净水，直到刚好能品尝出甜味，记录一下这个时候已经加了多少糖。接下来可以稍快一些地继续往水里加糖，同样一边搅拌一边每隔5秒钟品尝一下，直到你感觉糖水已经甜到连续3次品尝都没有区别了，记录这时加了多少糖。这是一个非常粗略的实验，将我们刚刚能尝到甜味和无论再怎么加糖都尝不出甜味变化的两个加糖的量换算成两个数值，视为我们体验感知的下限和上限，我们称为体验的阈值。

严选模式的瓶颈就是体验的阈值。先说阈值的下限，如果从网易严选买回来的商品，虽然它事实上比市面上其他的商品在原料和制造上好那么一点点，但是根本觉察不出来，也就是说没有达到阈值的下限。当然这种情况比较好解决，应对方式是严选产品一定要带来可感知的体验提升。

阈值的上限是未来的瓶颈。设想一下，当大量的资源涌入严选平台中来，各家平台推出的产品都已经获得了相当大的体验提升，这个时候差异化又变成了同质化。如果某家严选平台希望获得竞争优势，强化产品差异，自然要成为严选中的严选。但这个时候原料和工艺再好，消费者从客观上也觉察不出来。举个例子，瓶装水这类产品，有蒸馏水、有矿泉水、有原产地矿泉水、有进口的阿尔卑斯山冰川融化而成的极品矿泉水，但如果闭着眼喝却很难分辨出来。这个时候，消费者的客观体验已经失效了，得靠品牌概念植入、品牌认同，还有我们说的消费信号理论。严选品牌的严选功效失灵了，又回到了品牌营销时代的消费者心智大战。

有人可能会问，谁说体验一定要是客观的？客观的体验提升不了了，我们做主观体验的提升不行吗？

如果把商品分为功能类商品和符号类商品两大类，功能类商品侧重功能带来的体验提升，符号类商品可以参考我们前面提到的消费符号理论，侧重于传递符号信息，那么严选平台做的是什么类型的产品？一定是功能性的。大牌原厂制造商生产的产品，保留的是功能的部分，而符号的部分是保留不住的，大牌只要稍微改一下设计，留下造型或者印记，符号就不存在了。

举例来说，“必要商城”在未来的发展上可能会比网易严选艰难一些。必要商城是一家主打 C2M 的电商平台，成立于 2015 年 7 月，比网易严选早一年。从选品上看，其主打眼镜、家居、箱包、服装等。除了侧重点更偏快时尚之外，同品类下的选品也与网易严选有差异。比如服装，网易严选更多的是基本款，描述上侧重舒服，而必要商城侧重款式。时尚产品作为典型的符号类商品，如果不具有符号价值，商品本身就失去了存在的意义。例如花 200 元买一件用更好面料生产的基本款 T 恤，你收获了舒服的体验外加传递品质简单生活的符号；如果花 200 元买一件面料还行，和 1 000 元的大牌款式类似但看得出明显不同的 T 恤，你无法收获舒服的体验，并且还传递了一种我暂时无法描述的符号。

Grana 是成立于中国香港的互联网服饰品牌，它正好反其道而行之，主打用奢饰品面料做快时尚基本款服饰。根据其描述，它采用了包括中国丝绸、蒙古羊毛、爱尔兰亚麻、日本牛仔布、秘鲁比马棉、法国府绸等在内的材料替换原来基本款衣服的面料，价格控制在 400 元上下。2016 年 10 月，Grana 完成了 A 轮融资 1 000 万美元，领投方为阿里巴巴旗下的香港创业者基金。

所以，网易严选在一开始选择商品的定位上，毫不犹豫地选择了功能类商品，无论是服装还是生活用品，都强调看得见摸得着的体验提升，这是非常有洞察力的，后续严选类平台也延续了这一思路。

那当功能类体验触及阈值上限怎么办？不好意思，科学就此变成玄学了。每个人的体验是有差异的，比如品茶，有的人喝得出好坏，有的人喝不出。经过教育和引导，体验也会更加敏锐。所以葡萄酒品牌和刚刚流行起来的生蚝品牌会不遗余力地分类、界定似是而非的口感。这些都是在强化细微的体验差异，有的时候还有心理暗示的成分。

事实上，无印良品已经经历了这一阶段。

1980 年，无印良品问世，代表商品包括 12 卷筒装卫生纸、厨房用保鲜膜、替换用纸巾、柔软剂、味噌酱、鲑鱼等，那个时期提出的理念是：便宜有理。比如鲑鱼，无印良品认为："就算是头部及尾巴附近的地方，鲑鱼就是鲑鱼，就算形状不整齐，味道都不会改变。利用这些好味道的部分，可以做成便宜的鲑鱼罐头。便宜是有原因的。"① 可以看出来，这和现在的无印良品还是有区别的，商品的功能性非常明显。随着时代的发展，无印良品的设计更加为人们所关注，生活理念更加为人们所认同。其设计总监原研哉所著的《设计中的设计》，是设计类畅销书之一，使得无印良品的很多商品成为人们心目中的设计典范。

设计带来的美学体验是主观的，能有效突破物理层面体验阈值的上限。比如，图 4.11 中这款官网售价 4 980 元的壁挂式 CD 播放器，如果从功能性体验的角度来看，其价格是很难解释的。设计是严选类平台摆脱"大牌制造商"阶段的必经之路。老实说，大牌制造商是一个阶段性的模式，网易严选也敏锐地洞察到

---

① 资料来源：无印良品，《无印良品的历史》，http：//www. muji. com. cn/cn/store/contents/corporate/history. jsp。

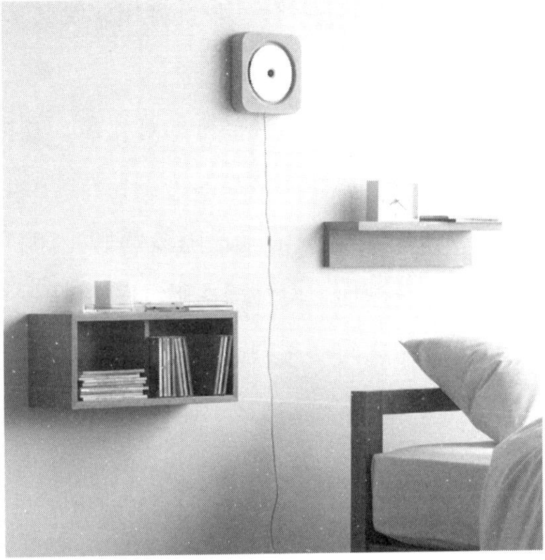

图 4.11 无印良品经典设计产品：壁挂式 CD 播放器

资料来源：https：//post. smzdm. com/p/264228/。

了这一点。一方面在显著位置宣传“大牌制造商”标签，另一方面加大对设计的投入和人才储备。根据“36 氪”（36Kr）的访谈，[1] 网易严选目前内部自有的设计师达 100 多人，这还不包括一个多达 500 人的外包设计团队。同时，网易严选在国内、国外还签约了很多的设计师及设计机构。2017 年推出的“黑凤梨”系列就是网易设计团队的试水之作。

严选模式的出现必然会引发行业格局的改变，作为以无印良品、蔻驰为代表的大品牌和以淘宝电商为代表的小品牌，面对以

---

① 资料来源：王 1 点，《网易严选也要开酒店和书店了，等等，怎么和 MUJI 越长越像?》，http：//36kr. com/p/5079468. html。

网易严选为代表的ODM严选平台，各自将如何博弈，如何布局？我们将一一分析。

先来看大品牌。严选产品是大品牌的替代品，直接影响大品牌产品的销售。以网易严选和无印良品为例，作为后起之秀的网易严选，亦步亦趋，在竞争中采取跟随策略。无印良品说2017年下半年准备在中国开酒店，网易严选则宣布2017年8月严选酒店会在杭州开业。在未来与严选产品日益频繁的遭遇战中，大品牌应该深刻洞察新零售规律，尤其是体验阈值和符号消费这两点。具体策略如下所述。

1. 认清功能类产品的体验阈值上限，重新分配收入结构

对于功能类的大牌产品，严选产品最大的优势是价格。品质上，严选产品从逻辑层面是在变相强化消费者对大牌产品的认可。简单来说，严选推出的大牌制造商产品质量只可能无限接近大牌产品，不可能超越。一般来说，被严选盯上的大牌产品生命周期已到成熟期，早已从小众人群走进大众视野。对于这类产品，大牌可以采取重新分配收入结构的策略，把利润重心转移至设计新品和符号类产品。举例来说，当消费者发现多花一点点钱，就可以把大牌的基本款收入囊中时，其购买严选产品的意愿会明显降低，而这部分收入本来也可能被严选蚕食掉，现在还可以在设计类和符号消费产品中扳回。从信用中介的角度看，大牌的信用中介更强力。同时，可以考虑多采用基本款商品多件捆绑的办法，配合优惠的价格，既体现了品质节俭生活的理念，也让

严选产品的潜在市场加速饱和。

2. 通过设计强化产品的符号属性，加速迭代周期

对于符号类的大牌产品，一定要利用好符号的价值。通过设计上的巧妙设置，从外观上达到轻易识别符号的效果。比如，大牌服饰常常在细节处加入别具匠心的设计，无论是领口卷边的色带，还是拼接图案独特的纹路，懂行的人一眼就能分辨个中机巧。设计师款的崛起正好印证了这一趋势，当跟随者刚刚掌握了模仿技巧时，新的主题、新的设计又出炉了。

3. 反攻数据阵地，利用线下优势，打造全面体验

依托线上的严选模式对于传统大牌还有一个致命的威胁，即消费数据收集的优势。新零售是数据资产争夺的战场，放弃了数据资源，就等于放弃了未来。无印良品除了自家的会员卡体系App——MUJI passport 外，还推出了一系列主题 App。例如 MUJI to Relax 应用可以享受治愈系音乐，白噪声还可以测定心率。MUJI to GO 应用可以查询国际时间、天气，兼具谷歌查询、货币换算、计算器等功能，可谓典型的旅行工具箱。使用这些应用自然会想到搭配无印良品旗下的香薰、寝具和旅行箱包，形成浑然一体的全面消费体验。而大牌的线下实体店能发挥体验中心的优势，迅速将线下消费者数据化，参与线上互动。

对于大部分女性而言，购物是一种享受，最好将购物变成一种超棒的体验过程。以买衣服为例，逛街逛的是什么？当然是心

情。遇见心仪的店铺，最好是在能试穿的情况下，把所有的衣服试遍，演绎 360 度无死角的美。但现实是，很多时候试衣镜只能看到正面、侧面，更有甚者，镜子本身就是扭曲的，而且躲在试衣间拍照发朋友圈还显得自己不太高级……针对这些问题，MemoMi 公司推出虚拟试衣镜 MemoryMirror。该镜子具备视频拍摄、360 度查看试衣效果以及社交分享功能，能够满足购物过程中各种单纯的虚荣感（见图 4.12）。①

图 4.12　虚拟试衣镜 MemoryMirror

资料来源：http：//www.sohu.com/a/136704808_472880。

而对于小品牌和初创品牌来说，严选模式提供了弯道超车的机会。具体策略如下。

---

① 资料来源：Datatist 大数据家，《大数据 + AI 助力新零售，这些黑科技都是硬实力》，http：//www.sohu.com/a/136704808_472880。

1. 利用制造商的转型，推动 D2C 模式

D2C（品牌直销）是指品牌从原材料选择、设计、生产，到营销、销售，都由品牌主导完成。这种模式去掉了销售环节的中间人，品牌直面消费者，能更精准地把握需求，建立对话，形成数据流。同时通过对供应链的整合，严格把控制造的细节，形成不可复制的产品特色。过去，制造商习惯规模生产大牌订单，随着严选模式的兴起，制造商逐渐适应小批量生产，为 D2C 提供了生长土壤。比如，美国的特色高端旅行箱品牌 AWAY 就是典型的 D2C 品牌。AWAY 的创始人发现美国市场的高端旅行箱售价在 500 美元上下，是生产成本的 5 倍以上，而大部分的利润被层层分销渠道蚕食，于是开始搜索全球箱包制造供应商。最后 AWAY 选择了整合德国和日本的高端原材料，再交由中国制造商生产。这样它便能将高端旅行箱的价格控制在 200 ~ 300 美元。AWAY 的设计在高端品质中融入了潮流和科技感，图 4.13 为其最新出品的小黄人版旅行箱，外壳搭载充电功能是 AWAY 的特色。

2. 发现弱点，针对性研发产品，击穿信任屏障

2017 年 5 月，网易严选和“毛巾哥”的新闻上了社交媒体头条。一个独立品牌创始人控诉了网易严选销售的“G20 专供新疆阿瓦提长绒棉毛巾”涉嫌侵权，并描述了创业者创业的艰难及面对大公司竞争的无奈。抛开事件本身的是非曲直，这款毛巾是真的火了。小品牌如果想对抗严选类平台，除了保护好知识产权，

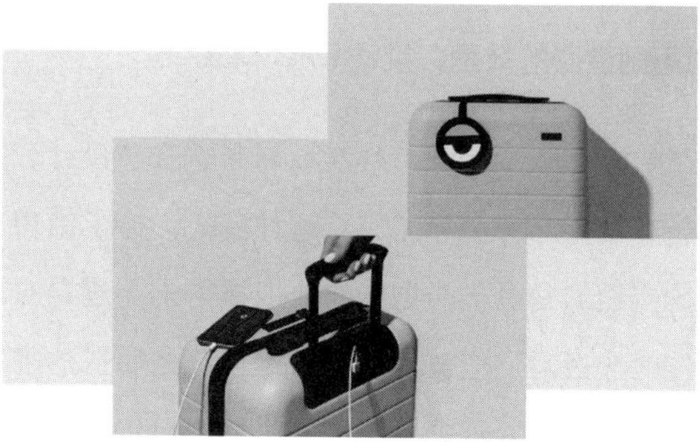

图 4.13　AWAY 小黄人版旅行箱宣传海报

资料来源：https：//www. awaytravel. com/minions。

其实还有更好的办法。比如，认真研究试用严选类平台商品，敏锐捕捉影响体验的点，有针对性地研发产品，通过对比试验，与消费者对话，并利用社交媒体扩大影响。这样的做法能有效击穿品牌信任屏障，用可感知、可识别的体验差异改变消费者的认知。未来严选类平台上线的产品会不断增多，很难做到面面俱到；小品牌则能聚焦一款产品，出奇制胜。所以，未来很可能出现严选平台以“大牌制造商”口径宣传，小品牌以“完胜××严选产品”口径宣传的局面。

3. 瞄准高端符号特征，保留自有特色

某些产品虽然你不知道它具体是什么品牌，但一眼看上去就知道价格不菲，品位不俗，这就是高端符号特征。这么多的品牌喜欢选择无印良品作为效仿的对象，而不是其他设计特征更鲜明的品牌，我想很大一部分原因是无印良品一贯的质感和极简风格

本身就散发着品质的符号特征。在这样的大背景下，提高设计实力，抓住高端产品的符号特征，比如极简或者几何拼接，在此基调上做特色设计，就是一条不错的符号类产品风格路线。举例来说，小米的很多系列商品，比如背包、运动鞋等就符合这一路线——像高端产品，有设计特色，而且价格亲民。

第五章

供应链重构

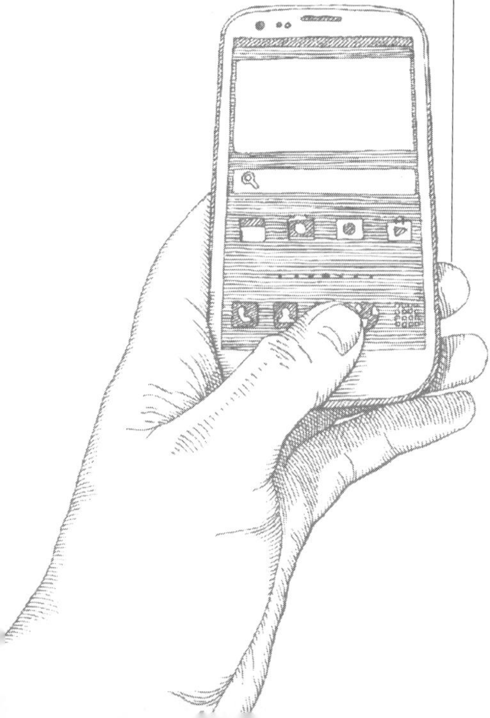

S2b 赋能型共享经济体

供应链指向物质和数据流动的轨迹。在新零售的大环境下，供应链的变化规律是最复杂也最难理解的。商品和生产章节的内容让我们见识到了数据物理二重性的威力。大量现象和规律归根结底都源于物理世界和数据世界的融合。而在本章节中，我们将在算法层面解读数据物理二重性。准备好开动你的大脑吧，一大拨密集的案例和观点即将到来。

在第四章中我们讨论了生产的趋势——C2B，消费者逆向牵引以及大规模定制。但我们回到现实生活中，发现绝大部分的商品还不能接受定制，同时我们作为消费者个体，影响产品的作用微乎其微，哪怕是在高度数据化的互联网应用中，我们反馈的系统漏洞，能及时修改就已经很不错了。从技术上来看，这是因为消费者的数据积累还很不够，以及数据对应商品定制特征的翻译工作才刚刚开始。从生产力和生产关系的角度来看，即使现在所有消费数据都能积累并且翻译成对应的商品特征，还是没法实现 C2B 模式描述的状态，即大部分商品可定制。

先来回顾一下满足消费者个性化需求和多样化审美的方式。

在商品章节中，我们提到可以通过产品组合来满足，在生产章节中我们进一步发现，大规模产品定制也是通过模块和组合的方式来实现的。所以总结起来，模块与组合是解决个性化、多样化的基本思路。

假设有这样一个场景：一位口味古怪的消费者想喝一种能让人产生幸福感觉的饮料。至于什么是幸福感觉，消费者描述了很多，有些与成分相关，有些则完全是主观感受，听起来不知所云。这时，一家先进的饮料厂和一位经验丰富的调酒师同时接到了这个任务。饮料厂一次可以随机搭配出 10 000 种饮料，但因为是随机搭配，所以只有万分之一的可能让消费者产生幸福的感觉。调酒师一次只能搭配出 1 种饮料，但是有百分之一的可能让消费者产生幸福的感觉。如果消费者只愿意尝试 20 次，请问，饮料厂和调酒师各自定制出这款饮料的概率有多大?

调酒师有 20% 的概率能定制出来，而饮料厂虽然生产能力很强，一次能生产 10 000 种不同的定制饮料，但是在完全随机的情况下，命中率很低，只有五百分之一的概率生产出这款饮料。在真实场景中，一旦涉及创新的需求，企业就需要出动内部类似案例中调酒师的角色，否则只能随机生产，哪怕需求的成分中有 90% 以上是有数据积累的，如颜色、款式、口味等，只要还有需要探索的部分，做到让消费者满意的概率就很低。消费者成千上万，而企业内部的产品设计师是有限的，因此，我们现在看到的大规模定制化生产还是围绕颜色、款式、尺寸这些明确的、已经翻译过的需求展开的。

那饮料厂相比调酒师有什么优势呢？饮料厂生产得快，调酒师如果调动即使很小一部分企业的能力，一次可能就搭配出不止1种饮料了。还有的企业有数据库、有系统，也许其他的调酒师调过类似的饮料，借鉴他们的配方，调酒师能更快调出需要的饮料。慢慢地，企业的系统会越来越聪明，只要知道模糊的细节就能给出大概的配方成分，调酒师用起来就更得心应手了。从这个例子中我们可以看出，将产品设计师和定制化生产企业搭配起来效率最高。那企业为什么不雇用大量的产品设计师来满足定制化需求呢？第一，成本上不经济，把他们全招到公司里成本太高。第二，当产品设计师进入企业后，定制产品的利润和他的关系就不太大了，创造性和主动性会大打折扣。企业有大规模定制生产的能力，有数据积累和支持的能力，但没法完成创新型的定制需求；产品设计师个人有能力创新，可生产力又有限，而且没有组织，现有的公司雇佣性生产关系不能很好地协调这二者之间的矛盾。

所以，阿里巴巴的“总参谋长”曾鸣老师提出：“C2B还是一个离我们比较遥远的目标，暂时不会在大部分行业里大规模地应用。但在2018—2023年这5年里，我们将看到一个新的商业模式的兴起，基于这个基础，我们提出了一个新的商业模式——S2b。”①

① 资料来源：曾鸣书院，曾鸣：在未来五年，S2b是最有可能领先的商业模式，http：//36kr.com/p/5077622.html。

所谓S2b，S（Supply）是一个大的供应链平台，能大幅度提升供应端效率。未来5年会先形成一个平台。b指的是一个大平台能对应万级、十万级甚至更高数量级的小商家。[①] 打个比方，S就是“饮料厂”，准确地说是“饮料厂”的供应链平台，b就是“调酒师”。这个概念是全新的，由曾鸣老师提出（见图5.1）。

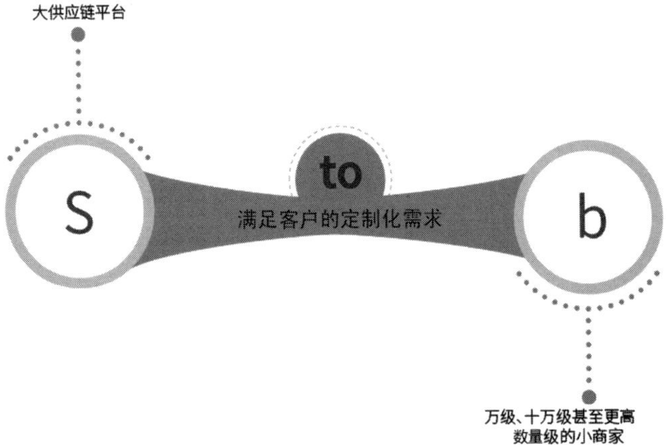

图5.1　S2b示意

曾鸣老师是这样理解C2B和S2b的。首先他认可C2B是大趋势，是对传统工业时代B2C模式最根本的颠覆，是新商业领域创新最重要的工作。只有当C2B开始大规模兴起的时候，整个商务的全链路才会彻底地被互联网重构。

关于曾鸣老师的C2B观点，我认为有两点非常精彩。第一，C（消费者）是企业一切运营的起点。智能是建立在一个持续优

① 资料来源：曾鸣书院，曾鸣：在未来五年，S2b是最有可能领先的商业模式，http：//36kr. com/p/5077622. html。

化、强大的算法引擎和活数据的闭环之上的。这点我们在生产章节中已经详细展开过，就不再赘述了。第二，协同网是实现 C2B 的唯一方法。工业时代的任何思维都是线性的，柔性供应链也是线性的弱化。但从本质上看并没有突破线性的局限，新零售时代要求的低成本、快反应、高定制，在线性的供应链上是完全冲突的指标，只有依靠一张大网，把人的创造性和系统网络的创造性有机地结合在一起，才能实现。

所以就有了 S2b 的概念。很多观点把 b 解释为小商户，我认为，只要是能和 C 产生对话的单位都可以看成 b，可以是商户、网红，也可以是设计师、客服；可以是独立完成商业变现的机构，也可以是需要联合其他商业单元才能变现的技能。平台提供生产的效率、管理的效率、数据的效率，个体提供创造力，提供积累数据的机会。这样的模式我们称为赋能。

赋能好理解，也容易被误解。比如，有人认为赋能是平台为个体提供生长的土壤，个体是生长在平台上的物种。这显然是没有真正理解赋能。个体是早就存在的，赋不赋能，它都在那里，不是从平台上长出来的，这是一个先后顺序问题。所以千万不要寄希望于把平台搭好以后，就会自然而然“生长”出能创新的个体，一定要定位到具体已经存在的业态，这和当年做电商平台的情况是不太一样的。除此之外，赋能的关系并不是那么牢固，不像是土壤，长出来了就不能随便替换。未来会有很多赋能平台在竞争，个体可以选择价值最大、赋能最多的，可以迁移、可以替换，甚至还可以同时使用，就像现在的微信支付和支付宝支付共存一样。

我们还是通过具体的案例来分析S2b以及赋能平台的模式。

从2016年开始，便利店持续升温，尤其是原来并不起眼儿的小杂货店，俗称夫妻店。阿里巴巴、京东、中商惠民纷纷推出各自的“收编”计划。以京东为例，2016年年初，京东就启动了号称全集团火车头一号项目的新通路事业部。主要面向三到六线城市近千万家中小杂货店，希望成为它们的供货商，重新释放传统渠道的活力和价值。[①] 2017年4月10日，刘强东宣布，百万京东便利店计划正式出炉，未来5年，京东将在全国开设超过100万家京东便利店，其中多数会在以前电商覆盖不到的农村地区。京东采取的是零加盟费、零管理费、零培训费，只收取质保金的方案，店主必须承诺店中经营的商品100%保真，“假一罚十”。门店经营所需的房租、水电、装修和进货等费用由店主自行承担。店主在京东掌柜宝下单，由京东负责物流配送到店，100%从京东进货的，将得到更多市场活动等方面的支持。目前规划的主营品类是快消品，其他如3C、家电、服饰、家居等品类可以支持部分摆样和代下单付佣模式。[②]

阿里巴巴同类产品零售通启动得更早，2014年7月就上线了。除了销售实体商品，还帮助店主提供诸如家政、出行、缴

① 资料来源：品途网，《起底京东新通路事业部：刘强东要颠覆传统零售渠道?》，http：//business. sohu. com/20160206/n437021539. shtml。

② 资料来源：Jason浩仔，《京东、阿里等巨头收编便利店“吃相”大盘点，小店老板们该如何站队?》，http：//36kr. com/p/5070769. html。

费、快递等服务，结合菜鸟网络和手机淘宝的流量，打通整套体系。

又能买东西，又能寄快递，这样的场景让我们不禁想起了前几年很火的另一个案例——顺丰“嘿客”。2014 年 5 月 18 日，顺丰推出“嘿客”，全国 518 家“嘿客”店同时开业。顺丰希望利用其强大的顺丰快递网络、线上交易平台、线下实体零售店（嘿客）3 者结合，形成物流逆袭电商的新局面。嘿客平台主要销售食品生鲜、粮油、母婴玩具、家居日用品、数码电器等商品。顾客可以通过上网或到嘿客门店内用平板电脑下单，选择将商品寄到家中或所在社区附近的嘿客店中自提，所有的商品均由顺丰速运提供配送服务。但事与愿违，统计数据显示，嘿客项目总计亏损超过 10 亿元，2015 年，被寄予厚望的嘿客更名为顺丰家，2016 年 9 月，再次更名为顺丰优选，目前顺丰优选有 1 600 多家门店。[1]

当年的顺丰嘿客与现在的收编“夫妻店”模式有什么不同呢？先来看看当年顺丰嘿客暴露出来的问题：一是购物体验差、可以买的商品不多；二是选址不顺路，人流少；三是管理问题多，人力成本高，服务还跟不上。最后形成的局面是，门店收入的主要来源 70% 以上是快递部分，产品销售上的盈利少得可怜。

顺丰物流是业界一流的，供应链后台相信也不差，为什么就

① 资料来源：搜狐号，《顺丰优选，花 16 个亿也没买明白教训》，http：//www.sohu.com/a/123625157_542455。

做不起来呢？是需求把握的问题？还是快速扩张的管理问题？我认为都不是，是模式选择的问题。有些业态，“高举高打”还真做不成，这也是后来大家统统选择“收编”的原因。

深入社区的“夫妻店”存在了几十年，即使遇到7－11、全家的冲击，也能屹立不倒，自然有其无法替代的原因。首先，这些店是经过时间和人流的选择，在经济学的规律下形成的，而不是一夜之间长出来的。做过实体店的人都知道，好的铺面一店难求，是下金蛋的鹅，可能十几年租金水涨船高，店家就是不愿转让。也就是说，物理世界的位置的固有属性可以代表流量。其次，店主小本买卖，指着养家糊口，再加上耕耘社区几十年，邻里街坊熟门熟路，这种主观能动性也是雇佣式员工难以达到的。零售便利店的大行家7－11、全家专研实践了几十年尚且不能完全取代，快速扩张的嘿客就更不用提了。

现在新零售来了，京东、阿里巴巴相信有了数字化的工具、去中介化的采购渠道、高效率的供应链管理等，便利店“全家桶套餐”、夫妻店的利润和对消费者的价值就能成倍增长。下面我们具体来看，这种被专业人士称为“快消B2B”的模式是如何优化供应链的。

在进货方面，提供更低价格的正牌商品。便利店主营的快速消费品长期以来触达终端的方式基本都是靠自己搭建，层层铺货。而随着人力成本的上涨，铺货成本也在升高，最终转嫁到终端上。赋能型新模式希望借助大数据的效率和规模化优势，由阿里巴巴、京东这样的公司来完成最后一公里铺货，降低成本，同时也保证正品品质，这一点是整个模式最核心的卖点。

除此之外，赋能平台还提供专人协助理货，急速配送，推迟账期，增加线上服务类营收等服务。据不完全统计，目前这类赋能型快消 B2B 平台市场除了京东、阿里巴巴等巨头外，还有上百家竞争者。①

经济上有一条应用非常广泛的定律——科斯定律。科斯定律用比较通俗的话解释就是，如果市场交易成本为零，不管权利初始安排如何，市场机制会自动使资源最优配置。

我们来看 S2b 赋能型共享经济体的模式。强大的数据采集分析能力和供应链管理能力属于阿里巴巴、京东这类大的平台所有，而位置优越的铺面、长期经营的经验属于“夫妻店”店主所有。如果把所有的店面腾空给平台来直接经营，平台很难经营好，具体可以参考顺丰嘿客的失败教训中有关管理部分的内容。而反过来，如果把强大的数据能力和供应链能力交到店主手中，就能发挥巨大的作用。根据科斯定律，不管最初如何归属，谁用得好，最终就归谁。所以大数据和供应链能力无论如何最终会为店主所用，这就是为什么定义为“赋能”，而不是“兼并”或者“平台生长”的原因。

我们把 S2b 模式中提供独特能力的平台和大量直接同消费

---

① 资料来源：何承轩，《揭秘阿里零售通：夫妻老婆店怎样成为新零售蚂蚁雄兵?》，http：//www. linkshop. com. cn/web/archives/2017/375136. shtml? sf = wd_ search。

者对话的个体合在一起称为赋能型共享经济体，它具有以下特征。

1. 建立在大数据供应链的基础上

只提供数据类服务，那是企业服务SaaS平台；只提供供应链服务，那是传统的渠道商或者供应链公司。当两者结合起来，提供基于大数据的供应链服务，就能支持新零售大环境下个体商户的多维度需求。如果要个体商户进行采购、营销、电商整合，对接不同的平台，就会使数据流动受阻，教育成本偏高，最终达不到个体期待的收入增长和效率提升，平台的价值基础也就不存在了。

2. 标准化与个性化分工明确

赋能型共享经济体推动平台和个体做好自己擅长的事情，平台不断发掘可标准化的内容，利用好大数据提升效率，节约下来的利润空间和时间让个体有意愿、有能力、有创造性地提供个性化体验，当这些体验被广泛认可之后，平台又可以将其标准化，如此循环往复。举例来说，通过平台客户端，店主可以轻松理货，节约下来的时间，店主可以测试研究新商品产生利润的情况。对比计算工作，原来十分复杂，现在借助后台数据面板，可以轻松完成。经过不断调整，店面的营业额逐步提升，店主也掌握了消费者对新商品的偏好，后台记录下这种偏好，把数据做成模板提供给条件类似的新加入店面。

3. S 端必须能通过 b 端获得实实在在的收益

个体对于成本和收益高度敏感。赋能型共享经济体能够稳定存在，其基础必须建立在个体同平台联合能够获得真金白银的收入增长和成本节约上。市场上有很多 SaaS 类的平台也提供支持类功能，但如果支持类功能还需要通过其他途径转化才能带来收益，就很难缔结成 S2b 那么紧密的关系。同样，类似京东新通路、阿里零售通一类的平台，如果不能让进货价格更便宜、销售收入有增长的话，其余的功能对个体的吸引力不大，也将很难发挥其应有的作用。

随着生产力的发展，未来机器和数据能做好的工作会越来越多，大量的员工从企业中解放出来，从事更加需要创造力的工作；企业内部的层级结构和企业间的从属关系会瓦解，企业和大量个体成为相互依存的复杂生态体系，有人还形象地将之比喻为“金字塔的坍塌”和“鱼群的兴起”。

供应链是一种算法

前面讲到，街头巷尾的夫妻店伴随着赋能型共享经济 S2b 的模式火热起来。无数次经过夫妻小店的你，是否留心过它们的变化？我们来看一些现象。

- 有些商品下架了。如果方便的话，你可以做一个调查，去看看社区附近的便利店或者杂货店是否还有酱油和大瓶装洗发水卖。很多我们习以为常的商品慢慢从便利店和杂货店的货架上被移走了。为什么会发生这样的变化？
- 可以送货上门了。现在大部分的社区杂货店，如果购买超过 10 元或者 20 元的商品，一个电话就可以送货上门。提供这样的服务又说明了什么？
- 现做食品越来越多了。连锁便利店早已成为大家公认的食堂，中午时分，7-11 和全家便利店买盒饭的人常常会排起长龙。现在连社区杂货店也学着卖关东煮、地方小吃，甚至盒饭。为什么现做食品在社区杂货店由“龙套”成为“主角”之一？

要回答这些问题，我们可以先回想一下，自己什么时候会去便利店和社区杂货店买东西，而不是等着天猫或者京东的快递上门？显而易见，一定是在我们需要马上使用商品的时候。随着供应链的物理基础设施的完善，网络的效率越来越高，原来要三五天才到的快递，现在隔天甚至当天就可以收到。所以，酱油、洗发水这些可以使用相对较长一段时间的商品大家都通过电商来购买，便利店如果出售这些商品，利润空间不大，周转率低，自然就不会再卖了。

时间成了商品属性的重要维度。饮料、食品具有强烈的时效性，口渴了哪怕贵一点，我们也愿意马上买一瓶饮料，看到诱人的食物，现在就忍不住买来尝一尝。便利店里留下的是强时效性的商品，下架的是弱时效性的商品，而便利店存在的价值主要就是帮顾客节省时间。

借用前面章节分析的案例，猜想一下：阿里零售通、京东新通路，还有百余家同领域的服务平台最后谁会胜出？要回答这个问题，感觉非常困难，需要分析大环境和各家平台的功能、核心竞争力、营销策略等。现在换一种思路，把时间想象成一条看得见的直线。商品从原材料开始，经过生产加工、运输、存储、销售，最后到达消费者的手中，每种商品在每个状态下的时效性都不同。可以理解为所有商品从生产环节开始就在去消费者手中的路上，它们会在时间轴上走走停停，以最符合需求的方式分配在各个环节停留的时间（见图 5.2）。

从这个角度理解，所有的门店都是调整商品与用户时间距离

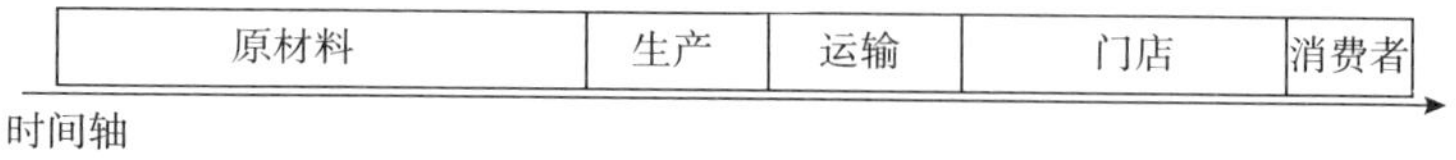

图 5.2　供应链调节商品时间属性示意

的节点，便利店也不例外。举例来说，便利店里买的手机充电线一般价格会比网购的价格高，质量也一般。但是如果手机刚好没电急需充电线的话，你也会非常乐意购买。所以便利店就为手机充电线这件商品多提供了一个时间属性选择，调整了充电线从厂家到消费者手里的时间。而另一些商品，比如袋装方便面，消费者买来没法直接食用，它的时间属性就与充电线不太一样，因此便利店可能不会销售。

2015 年，便利店较前一年的销售额增长了 13.2%，在全国的渗透率增加了 8.5%，2016 年便利店的渗透率从 2015 年的 32% 上升到 38%。便利店行业的快速成长说明，消费者需要更多调整商品与自己的时间距离的节点，也从侧面反映了消费者的时间越来越值钱了。

那么便利店在有限的货架上应该销售哪些商品，不应该销售哪些商品呢？在过去，这全凭店主的经验判断。现在阿里巴巴、京东等赋能平台，谁能更加准确地判断出商品的时间属性，谁就能指导供应链上各个环节的时效分配，最终带来更高的收益和更低的成本。

仔细研读零售业的案例和研报，会发现前置仓、前店后仓、仓店一体等概念被频繁提出。所谓前置仓，就是区别于传统仓库远离最终消费人群的模式，在社区附近建立仓库。前店后仓和仓店一体的概念类似，是指仓库和直接面向终端消费者的场地（如零售店、体验店等）合建在一起，消费者可直接在店内选购商品，在仓内即时提货。前置仓的出现是在用事实解释商品的时间属性，商品在哪里最省流通时间就停留在哪里，这个位置可以是仓库也可以是店面，可以集中存储也可以分散存储。而所有的算法都由大数据技术支持，并能够不断优化。也就是说不仅是门店，所有的线下实体场景都是调度商品与用户时间距离的节点。

所以，从本质上看，供应链是一种算法。由以色列新锐历史学家尤瓦尔·赫拉利（Yuval Noah Harari）撰写的《人类简史》一书中就有类似的理解。尤瓦尔认为，人类的感觉、情感和欲望都是各种进化而成的算法。所谓的算法就是进行计算、解决问题、做出决定的一套有条理的步骤。算法并不是指单次计算，而是计算时采用的方法。[①] 比如，如何选择配偶，无论是雌孔雀看到雄孔雀华丽的尾巴，还是女人看到男人高大健壮的体态，就在视网膜捕捉到这些图像信息的时候，生物体内的生化算法会开始处理各种关于比例、颜色和尺寸的数据，让其感觉到强力吸引或者全然无感。

《人类简史》一书中创造性地把人类学和社会学的发展历史与科技逻辑联系在一起，让读者能开启新的视角理解和预测未来。算法就是我认为其中最有建设性和实用性的视角。

我们以餐饮行业的供应链变化来举例说明。原来我们最常见

① 资料来源：尤瓦尔·赫拉利．人类简史［M］．北京：中信出版社，2014.

的餐厅运营模式，是所有运营所需要的工作都由餐厅自己完成。从原材料的筛选、购买，到运输、粗加工，再到厨师进行烹饪，最后端上餐桌。这套算法在过去是最经济高效的，所以被一直延续了下来。接下来，条件发生变化了，人力成本上涨，房租上涨，原材料上涨，水、电、气的价格也在涨。在新的条件下，原来的算法就变得不那么高效了，业内产生了新的算法。信良记是一家专门做鱼、虾、贝、蟹等海产品餐饮供应链的管理公司，自己拥有养殖基地和上游工厂，原来需要餐厅自己采购加工的食材现在可以做成半成品，像小龙虾包、巴沙鱼片包、酸菜料包、火锅底料包等，餐厅直接简单按照配比加热就可以制作成口味一致的菜肴出售给消费者。从成本效率的角度看，餐厅自己省下了采购、存储的费用，上菜的速度也大大提升了。从消费者需求的角度看，信良记会为他们提供完整的爆品供应链解决方案，包括“发现爆品 + 爆品研发”和“标准化生产 + 配送”。[①] 小店更容易赶上潮流，成为提供爆款菜品的热门餐厅。

除了参数和条件的改变会引起算法的变化，新技术的应用也会带来算法的升级。Fishpeople（直译为“鱼人”）是美国的一家健康海鲜速食企业，其产品包括盒装的金枪鱼、鳕鱼料理套餐包，消费者买回来以后只需要按照步骤简单处理就能加工出餐厅级的美味。Fishpeople 的独特之处在于，它所有的鱼类都是由独

---

① 资料来源：邓痕痕，《信良记宣布完成 1.2 亿元 A + 轮融资，专做海产品餐饮 B2B 供应链解决方案》，http://36kr.com/p/5068411.html。

立的渔船主在美国本土海域捕获，并通过环保的方式加工处理。这点对于越来越重视食材品质、生态环境保护和支持本土劳动者的美国中产阶层很有吸引力。那如何保证食材的质量呢？在过去，这种模式是很难实现的，不同渔船主的捕获时间、品种、产量各不相同，加工厂也没法进行统一管理和区分。现在 Fishpeople 引进了食材可追溯技术，每一盒出售的商品上都印有独立的编码，在 Fishpeople 的官网输入编码，消费者可以了解到这份食材是由哪位渔船主在哪片海域捕获的，并可以了解到从捕捞到制作的全过程。甚至连调料包里的每种蔬菜和香料在哪里生产、由谁种植都可以了解得一清二楚。消费者可以看到食物背后充满人情味的故事，自然也愿意为这样健康、美味、带有正面价值观的产品买单（见图 5.3）。

图 5.3　Fishpeople 鱼肉产品通过可追溯技术获得渔船主的故事

资料来源：https：//fishpeopleseafood. com/。

可追溯技术是物联网技术的重要应用，它让分散生产也能实现规模化生产所能达到的品控要求，所以原来的供应链发生了变化。在新算法下，各种生产要素朝着食材品质、生态渔业的方向重新组合，最终让消费者能以不算太高的价格购买到健康、美味、符合自己价值取向的产品。此外，整个供应链过程完全透明化，能迅速获得消费者信赖，为产品推广省下一大笔广告费。

技术的应用对于供应链实现全渠道一盘棋也起到了推动作用。美国男装电商 Bonobos（直译为“倭黑猩猩”）成立于 2007 年，是互联网时尚品牌中进军传统零售行业领域的先锋之一，凭借“男式斜纹裤”迅速成名。在创立之初，Bonobos 只做线上销售，而在 2012 年，Bonobos 与美国百货巨头诺德斯特龙合作，开设了第一家线下体验店，商品种类也大幅增加，从此走上了与其他电商截然不同的经营模式之路。这种被称作“Guide Shop”（直译为“领路商店”）的特殊体验店问世，商店即样品间，面积通常较小，雇用较少的店员，没有库存，顾客试衣后上网下单，这一新颖的模式迅速得到了顾客的喜爱（见图 5.4）。

其实，Bonobos 的体验店就是其在线商店的延伸，更像是顾客们的“试衣间”。体验店里展示了 Bonobos 的各款服饰，所有款式都配备齐全的尺码，供到店的顾客三维立体地感受线上销售的产品。顾客去体验店前，先要在 Bonobos 网站上进行预约，每一位到体验店的顾客都有一对一的“指导员”为其做个性化的精品服务，比如提供造型和尺寸的建议。顾客可以一边喝着啤酒或

图 5.4　Bonobos 的体验店“Guide Shop”

资料来源：http：//www. linkshop. com. cn/web/archives/2016/362969. shtml。

者别的饮料，一边挑选他们看中的 T 恤、牛仔裤或者商务套装。与实体零售相比，Bonobos 的店员更少，成本更低。

没有库存是 Bonobos 体验店的特点，店面中所有服装的尺码都只有一件，以牛仔服饰为例，Bonobos 的展示间仅仅需要 220 件样品，就能涵盖所有不同尺寸和风格，而传统实体店往往需要多达 3 600 件的库存——这还仅仅是牛仔服饰一项。并且所有的货品都是从中央库房里发出，寄往顾客家里的。试完之后顾客可以在体验店里的电脑上下单，或者回家后在网上自助购物，静待第二天收货，与传统的电商模式一样。Bonobos 80% 的顾客都是到店里试完衣服后，回家上网订购的。

同时，Bonobos 的线上服务也被做到了极致。如果你不确定自己的尺码，可以同时买两个尺码的裤子，试穿过后，再把不合适的那条退回，不用负担运费。如果不喜欢，可以在90天内退货并获得退款，一年之内不管你是否穿过、洗过，都可以退回换一件新的。一旦顾客在网上抱怨或发邮件申诉，马上就会有一个“忍者”（Bonobos的客服）跳出来为你解决问题。

那么，该如何优化供应链算法呢？主要有以下两种方法。

1. 重新设计路径

在大数据技术的帮助下，供应链上每个节点的信息能被清晰地展示出来。如此，供应链上的相关方手里多了一幅地图，供需两点之间如果绕路太多，大家就有迫切的意愿重新设计路径。比如夫妻店的案例，品牌商和夫妻店之前有层层的代理商、渠道商，这在传统零售时代是绕不过去的。而在新零售背景下就能清晰地看到，品牌商和夫妻店之间有大量可压缩的空间。

还是援引第一章提过的特斯拉早期研制电动汽车电池的案例。当时业内人士断言，那些电池会一直这么贵。但特斯拉创始人马斯克坚信，通过技术创新是可以将价格降下来的。最后特斯拉通过自主创新，研发出了高性价比的电池。而阿里零售通等平台也运用数字化供应链、智能物流的方式降低了采购成本。平面上，两点之间直线最短。数字化让我们找到两点的位置，算法让我们不断探索其间最短的路径。

2. 运筹增效

在路径不变的情况下，数字化的供应链提供了更好的实验基础，使我们能通过运筹的方式极大地提升供应链效率。供应链是一种算法，运筹学就是研究算法最优解的科学。比如送货过程中的规划问题：同时要送50家商户，怎样设计路线才能最快走完？可以想象一下，当数据足够丰富时，借助智能分析，供应链上每个细小的环节都可以被进一步规划出更好的路径，累加在一起就是显著的效率提升。

杉数科技是一家面向B端（企业）客户的智能决策技术公司。通过自动化分析及决策引擎，对数据进行采集管理，完成规律性分析，并利用规律建立决策模型，帮助企业在复杂决策环境中寻找最佳方案。简单地理解，它就是一家算法公司。公司的4位联合创始人均来自斯坦福大学，且都是运筹学博士。杉数科技提供的供应链管理技术，能够在订单、库存、仓库、货运、配送等各个环节提供优化方案，提升供应链的响应速度，降低库存，最终帮助企业节约在供应链方面的成本。[①] 比如，何时订货、订多少货这个问题，一直困扰零售业主，而目前的解决方式是，先看报表再通过经验判断。杉数科技在接入企业的数据后，能分析出销售数据的变化趋势，并通过决策引擎帮助使用者做出正确的决策。

未来，在供应链领域一定会出现更多杉数科技这种以机器学习与运筹学技术为核心竞争力的新型供应链管理公司。

---

① 资料来源：铅笔道，《真格北极光抢投210万美元——4位斯坦福博士建引擎，帮企业智能决策订货数量》，http://www.xwtoutiao.cn/p/n9z1daz5/。

重构“人、货、场”

重构“人、货、场”一直是新零售讨论的热点。严格来说，“人、货、场”的重构应该放在新零售发展趋势的章节，但是仔细研究会发现，“人、货、场”需要有线索把它们穿起来，这个线索就是供应链。重构“人、货、场”其实就是新零售供应链想做的事情，它的核心方法也是我们前面提到的供应链的新算法。因此我们把它放在供应链章节的最后进行综合讨论。

先来了解一下主流的观点是如何解读重构“人、货、场”的。透过阿里研究院和大部分行业专家学者的文章，新零售将从过去的“货—场—人”进化到“人—货—场”。传统零售时代，品牌商凭经验进行产品设计，制订生产计划，借助长期合作的、层级复杂的渠道铺货。部分有互联网思维的品牌商借助电商直接销售，或者付出成本购买流量，然后销售商品获得收入。在此过程中，线上线下是割裂的，出现了网店专供商品，品牌商对消费者的画像也是模糊的。而在新零售环境下，消费者实现了数字化识别，可以清晰辨识和服务，进行大规模定制化生产 + 智能物流，按需智能供货。无所不在的消费场景，消费者可以随时切入切出，想买就买，从而实现了“人、货、场”的重构。主流观点认为，在这场“人、货、场”的重构中，“人”变得比“货”和“场”更重要，也就是围绕人重新设计了一套生产和流通形式，套用我们前面的说法，即新的供应链算法。

另一派的观点是出自有实战背景的行业专家，他们倾向于从流量价格的角度来进行分析解读。电商时代，大家崇拜流量，因为线上是无界的，空间足够大，只要商品好，一个店铺可以做几亿人的生意。因此获取低成本高转化率的流量成了最好的算法，供应链由传统零售业的以生产为中心向以交易为中心转变。只要线上能触达正确的那个人，就可以把东西卖出去，一次不行就再来一次。在经济学规律的作用下，优质流量开始稀缺，价格水涨船高。这时新零售来了，消费者可以随时随地切入切出，线下也可以为线上输入流量，转化率还不低。粗略一算，线下流量是线上的20倍，甚至远远超过这个规模。而大家这几年的眼球都只被线上的流量吸引，线下流量的价值慢慢成了一个洼地，被低估了。很多零售商户其实拥有非常大的线下流量，在新技术和新工具的帮助下，这些线下流量成为巨大的宝库，不断被洞察，不断被挖掘。这派观点认为，“场”比较重要，它是连接“人”和“货”的纽带，“场”的重心回到了线下，因此供应链的算法也做了相应调整。

还是先陈述观点。理解了供应链是一种算法之后，我们应该从算法的角度来理解重构“人、货、场”。从算法的角度来看，新零售环境下的“人”“货”“场”是分别进行了一次“算法升级”，最后使零售商业社会由“封建社会”进化到“民主社会”。

1. “人”的算法升级

旧算法：触发购买信息—仔细对比挑选—购买。

新算法：时间很宝贵—什么时候都可以买—持续买。

2. “货”的算法升级

旧算法：成本 = 钱，价值 = 功效，企业资源 = 生产要素，企业能力 = 生产效率。

新算法：成本 = 钱 + 时间 + X，价值 = 功效 + 体验 + X，X = 社交成本/学习成本/其他所有新成本要素，企业资源 = 对话要素，企业能力 = 设计效率。

3. “场”的算法升级

旧算法：场 = 买卖成交。

新算法：场 = 关系升级。

最终，新零售商业社会进化为争取消费者选票的民主社会，选票最高的当选为牵头人，其他零售资源向其靠拢，以协同方式共同服务消费者。

先看“人”的升级。旧算法认为，消费者的消费行为是特定情况下的特定场所的特定行为，而新的算法认为，消费行为是一般情况下习惯场所的随机行为。按照旧的算法，消费行为必须走完触发、选择、确认的流程。通过广告的形式，把信息推送给商家认为具有潜在购买意愿的消费者，触发购买行为，然后提供足够的信息说服消费者购买，直到完成付款，最后期待下一次购买行为。如果消费者中途离开或者放弃，商家会不断研究其中途放弃的原因，试图提高转化率。

新零售环境下，有几个重要的参数发生了改变。第一，时间变得非常宝贵，消费者要去社交、休闲、学习，没有那么多精力来应对无穷无尽的消费触发。这些触发对消费者来说甚至是骚扰。第二，购买的限制彻底消失了。PC 网店、移动 App、微信商城、各类实体门店等所有渠道将统一价格，实时库存，任何时间地点，想买就买，商家的动作得跟上消费者的兴致，而不是反过来。第三，消费者一旦形成习惯就会持续购买，因为只有这样才是最节省时间的。罗振宇在 2018 年的跨年演讲中概括得很好，这叫作最节省认知带宽、决策效率最高的产品。所以总结起来，新的算法指向的是节约消费者的时间，学习消费者的习惯。

超级物种和盒马鲜生都是时下热门的现象级新零售实践。两者都类似于“超市 + 餐饮”的模式。超级物种是永辉超市在 2017 年 1 月推出的。消费者进入店面首先感受到的是宽敞明亮、时尚轻松的购物环境。超级物种主营生鲜，消费者既可以在店内购买食材，回家制作，也可以直接在旁边的“工坊”内享受烹调服务，现买现做。超级物种目前推出了鲑鱼工坊、波龙工坊、盒牛工坊、麦子工坊等 8 个工坊。以鲑鱼工坊为例，主营三文鱼，依托永辉的全球采购链，实现从供货源产地到餐桌，坚持不过夜原则，保证新鲜。类似的，波龙工坊主营波士顿龙虾，盒牛工坊主营进口牛肉。其余还有经营红酒、饮食辅料、有机产品和鲜花等与消费者生活密切相关的产品的工坊。每个工坊的运营模式类似内部创业，采用合伙人制，单独结算，销售业绩也非常可观。以鲑鱼工坊为例，日均能卖出30条三文鱼，差不多3天就能卖掉同等面积日料店一年的三文鱼数量。波龙工坊仅占50平方米左右，每日却可卖出400多只波士顿龙虾，预计日营业额超过8万元。①

与超级物种偏重线下不同，盒马鲜生更像是“超市+餐饮+电商+配送”的混业综合体，门店面积大得可怕，商品种类繁多。以北京朝阳路新开张的门店为例，营业面积超过1万平方米，商品数量达到6 000多。除了和超级物种一样可以现场加工制作菜肴之外，盒马鲜生还从消费者的角度进行了场景创新。比如，单身都市人群日益增多，盒马鲜生强调食材新鲜，所售产品都是预处理、小包装的食材，只满足当餐需求。又比如，对那些把做饭当作偶尔兴致的人群，盒马鲜生提供了精细加工的食材，3千米内30分钟送达，想做饭了就在线下单，轻松搞定。

在超级物种和盒马鲜生的案例中，我们可以很明显地看到新算法对于“人”的理解。消费者想在周末约三五好友吃饭社交，结果就顺便把菜也买了，体验还很好。宝贵的时间发挥了最大的效用。如果突然想要做菜却不想去菜市场，直接用手机App下单，就会给你配送加工好的净菜，时间节约下来，还满足了下厨

---

① 资料来源：三钱二两，《如果还不知道超级物种，你可能就错过了新零售的未来》，http：//36kr. com/p/5075123. html。

乐趣。这些消费习惯的养成还需要靠不断推送优惠信息来促成吗？不需要了，随之更多的是为消费者节约时间，提升体验，在各个场景下都完美契合习惯。这个时候的收入算法是，单个消费者花在吃这件事情上的总支出×新形态能够满足的场景比例=单个消费者的总收入贡献。难怪超级物种和盒马鲜生发展如此迅猛，它们要“吃掉”的是一定区域内消费者的恩格尔系数（Engel's Coefficient，是食品支出总额占个人消费支出总额的比重）啊！

再来看“货”。决定商品竞争力的两个维度分别是成本和价值。消费者希望付出尽可能低的成本获得尽可能高的价值。旧的算法认为，成本等于消费者付的钱，价值等于商品的效用。事实上，现在购买商品付出的成本远不止钞票这么简单。时间是很重要的成本，超级物种和盒马鲜生的预处理市场，提高了现金成本，却降低了时间成本。反过来，宜家的家具虽然价格低廉，但需要自己组装，相当于牺牲了时间成本来换取现金成本，最后还是会有人购买安装服务。除了时间，还有社交成本，比如购买汉服或者 Cosplay（角色扮演）道具服用于旅游拍照，可能需要克服被路人指指点点的社交压力。此外，可能还有学习成本，比如将无人机、VR 眼镜买回来以后，需要好好研究才知道怎么玩。所以新的算法认为，商品的成本远不止钱这么简单，它是钱、时间和很多其他因素的综合。同样，价值也不能单纯地理解为商品的效用，还包括社交符号、自我实现等，也是多因素的综合。如何了解成本和效用在消费者心中是如何构成的呢？这就又需要借助新零售的数据分析和消费者洞察技术了。所以新算法会更加复杂、更加精确，对不同类别的消费者也更有针对性。

与之对应的是企业的资源和能力的升级。旧算法的逻辑是企业的资源等同于企业占有的各种生产要素，企业的能力是如何多快好省地制造出商品并卖给消费者。供应链管理是一门对效率有着执着追求的学科。传统的供应链课程中追求的是生产效率、物流效率、销售效率。新的算法完全颠覆了学科的基本假设。在新的算法里，企业的资源是对话要素，即与消费者对话的质量和频次。企业获得资源的路径，就是想尽各种办法与消费者进行高频次、高质量的对话，这样消费者才能告诉企业他们想要的是什么，复杂的成本和价值构成才能被企业所学习和理解。可以说，整个新零售都是建立在企业与消费者对话的基础上的。只有对话才能产生数据，有了数据才能知道商品设计、研发、营销各个环节的重点在哪里，企业的能力也不再是追求生产效率，而是追求设计效率，企业之间比拼的是如何高效地设计出消费者想要的商品。

如果理解了关于“货”的新算法，很多现象都可以得到解释。比如，便利店的餐饮区为什么越来越大，销售的鲜食为什么越来越多？知名的颠覆型创新便利店便利蜂，甚至把整个二楼都规划为就餐区。这么做的算法逻辑就是希望消费者不要买完就走，而是留下来多给便利店一些对话的时间，未来其可能在便利店里搭载其他商业模式和产品。

最后是关于“场”。旧的算法认为，“场”就是消费的场所，它的目标是促成交易，其所有的设计都是围绕交易的。而新算法不在意单次交易，因为消费是长期行为，任何时间点都可以发生，只要消费者乐意。比如 Amazon Go（亚马逊尝试的线下门店），充满了黑科技和炫酷体验。顾客只需要下载 Amazon Go 的 App，在商店门口扫码就可以开始购物，而且“拿了就走”，传感器会自动识别有效购物行为，自行在顾客的亚马逊账户结账（见图 5.5）。后来，我们国内出现的“无人便利店”等也进行了类似尝试。因此，新算法更专注商品与消费者的关系。

图 5.5　Amazon Go 广告

资料来源：https：//kknews. cc/tech/aekl85v. html。

商品与消费者的关系可以分为 5 个层级：排斥、接受、习惯、依赖、成瘾（见图 5.6）。最低层级是排斥，指消费者拒绝商品。比如，动物保护人士拒绝皮草，时尚人士拒绝地摊货。向上一层是接受，这时的消费者仅仅愿意尝试商品。比如，接受购买虚拟礼品打赏主播。当商品获得认同后，消费者会形成习惯，如在便利店购买午餐。习惯再深一层会产生依赖，即对替代品产生排斥。比如，依赖在线购买电影票和充话费，排斥去营业厅排队。最高层级是成瘾，指形成强烈的依赖，无法获得将产生戒断反应。比如，玩《王者荣耀》的成瘾者。

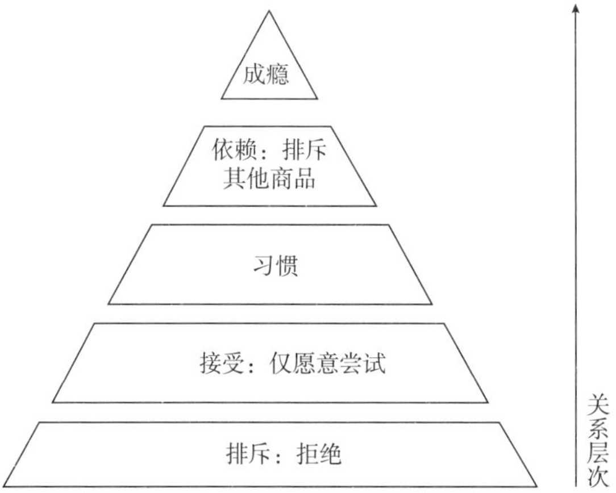

图 5.6　商品与消费者关系的 5 个层级

Bulletin（直译为“公报”）是美国一家为独立品牌提供线下展示空间的零售公司，其模式类似国内的“格子铺”的高级版。Bulletin 把自己线下的店面分配成大大小小的不同区域。有一些只有抽屉大小，有一些则是大得多的独立展示空间。Bulletin 会配合品牌一起做好产品陈列设计工作。消费者走进 Bulletin 店面，可以发现大量风格各异的独立品牌和有趣产品，而且它们的更新变化速度很快，每次进来都有新鲜的感觉。而独立品牌也喜欢选择

Bulletin 发布新产品，因为相对于传统渠道，品牌可以按照自己的想法展示产品和定价。同时，Bulletin 也非常重视搭建消费者与品牌的对话渠道，在体验中融入大量收集消费者反馈的环节，帮助品牌了解消费者，优化设计产品。

在 Bulletin 的门店内，消费者在具有设计感的空间里体验新产品的各种细节（见图 5.7）。不知不觉中，消费者与产品的关系可能从排斥升级到接受，或者从接受升级到依赖。消费者在 Bulletin 初次接触到某件商品之后，如果喜欢，可以前往商品官网购买。Bulletin 与格子铺不同，格子铺是按照坪效计算收益的，重点在卖货，而 Bulletin 的重点在提供商品与消费者接触和建立关系的机会。在新的算法里，场的作用从撮合交易转变为撮合消费者与商品的关系。

图 5.7　Bulletin 店面

资料来源：https：//techcrunch. com/tag/bulletin/。

在“人、货、场”的新算法里，“人”和“货”在全场景下的关系不再是简单的一桩桩交易，而是长期的对话和信赖。因为“人”的购买时间不确定、地点不确定，又不存在找不到购买渠道的问题，所以商家获取利润的方法由围绕销售展开变为围绕信赖展开。我们把商家想象为竞选人，消费者就像选民，竞选人不断创造机会介绍自己的“施政纲领”，倾听“选民的诉求”，再以此更新自己的“施政纲领”，如此循环反复，直到选民投出神圣的一票。随着数据技术的发展，商业社会的信息更加透明，选择更加充分，各种要素和信息的流动也更加快速，商业社会似乎也越来越民主化了。

在新零售商业社会中，分工会更加细致，任何环节的玩家，无论“人”“货”“场”，只要获得消费者的认可，就能以自己为中心形成利润丰厚的商业模式，不会再有类似传统零售时代，经常有企业被投资人诟病有用户没有商业模式的现象。在“人”的环节获得消费者的信赖，“人”可以为消费者做推荐，成为消费者做决策、选择的主要依据，比如购物节目主播、服饰专栏主编。在“货”的环节获得消费者的信赖，是商品把握了消费者内心需求，如某款设计感十足的家用吸尘器、网红茶饮料等。在“场”的环节获得消费者的信赖，是提供体验更好的环境帮助消费者与商品对话，如超级物种和盒马鲜生。只要在一个环节表现突出，在大协同网中，经济规律就能驱动其他环节的优秀玩家帮忙补齐商业模式缺少的模块，从而使大家一起共享收益。

第六章

全域营销

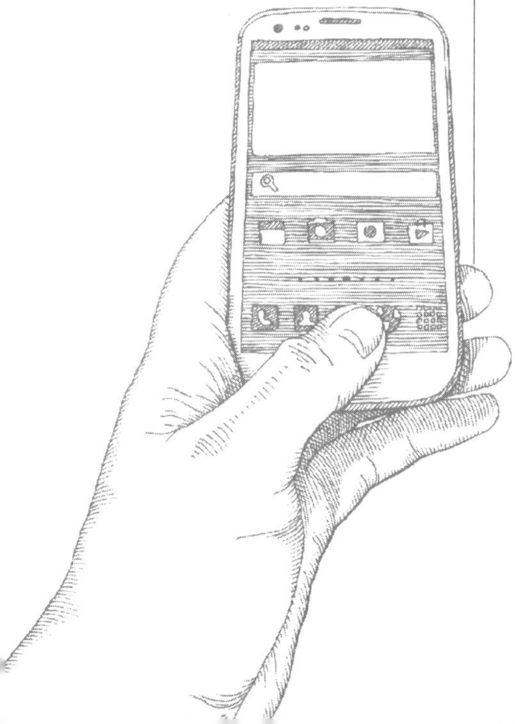

旧漏斗和新蜂巢

营销是零售领域最有趣的部分。用中学的科目来做类比，大数据和商业智能部分类似数学，需要从数字中发现乐趣。生产和供应链部分类似物理，需要内行的人才能看得懂表盘的意义。而营销类似化学，哪怕一点专业知识都没有，你也会被五颜六色的溶液相互反应放出的烟雾和气泡吸引，而一切又发生得如此迅速，在电光火石之间就有了反馈。

透过现象看本质，新零售时代的营销到底应该怎么做？我们看到的各种营销新模式、新方法到底是万变不离其宗的形式创新，还是底层逻辑发生了根本变化的系统革新？这些问题就是本章节重点探讨的内容。

经典的营销理论有一条主线，关系是层层递进的。

比如 STP（市场目标定位）理论，其中的 S、T、P 分别是 Segmenting、Targeting 和 Positioning 3 个英文单词的首字母，即市场细分、目标市场和市场定位的意思。市场细分（Market Segmentation）的概念是美国营销学家温德尔·史密斯（Wended Smith）在 1956 年最早提出的，此后，美国营销学家菲利普·科特勒（Philip Kotler）进一步发展和完善了温德尔·史密斯的理论，并最终形成了成熟的STP理论。STP理论是战略营销的核心内容。

菲利浦·科特勒是市场营销领域“祖师爷”级的人物，现在很多大学里的经典营销教材上还赫然印着他的名字，可想而知STP理论在营销领域的地位。S代表的市场细分是指营销者通过市场调研，依据消费者的需要和欲望、购买行为和购买习惯等方面的差异，把某一产品的市场整体划分为若干消费者群的市场分类过程。每一个消费者群就是一个细分市场，每一个细分市场都是具有类似需求倾向的消费者构成的群体。经过了细分，就从人口统计学数据里找出了不同类型的人群。T代表选择其中的一个人群作为目标市场。一种产品不可能覆盖太广泛的人群，一般就是一部分人群，到此，用户由全部人变成了部分人。P代表针对这部分人提出自己的产品定位主张。有一部分人接受，也可能有一部分人不接受，部分人里又分出了部分人。

又比如品牌理论。在广义的品牌理论体系下，品牌认知度、品牌忠诚度、消费者关系等都是在推动层级递进。以品牌忠诚度为例，它体现的是在购买决策中多次表现出来的对某个品牌有偏向性的（而非随意的）行为反应，也是消费者对某种品牌的心理决策和评估过程。它由5级构成：无品牌忠诚者、习惯购买者、满意购买者、情感购买者和承诺购买者（见图6.1）。

这样层层递进的结构就是一个经典的漏斗模型，每一层级都有对应的人群来源和转化效率。

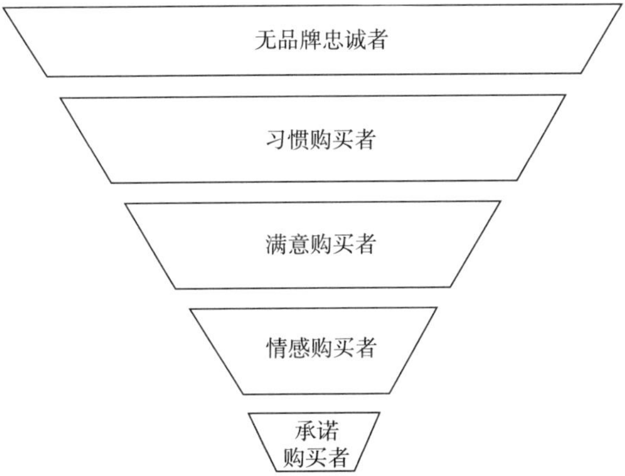

图 6.1　不同品牌忠诚度的消费者层级

这在操作层面更加明显。对于实体零售店面来说，位置决定了人流，店面的门头、设计风格、品牌决定了多少人会进来，人流继而转化为客流，客流在店内沿着动线选购商品，形成了购买流，购买流最后成为现金流。决定最后现金流多少的关键指标是漏斗的口有多大，每一层的转化率有多高。流量越多越好，转化率自然也是越高越好。

电商把线下的场景映射到线上，如点击广告的人数、访问店铺的人数、留存下来继续浏览具体商品的人数、把商品放入购物车的人数、把购物车清空结算的人数等。在数据透明的情况下，电商能更加方便地计算每种营销手段的成本和收益。

传统零售营销的模型是漏斗式的，层层转化，用户的牵引路径是一条直线。营销的核心动作是从流量到转化。

新零售却不是这样的。

龙湖·长楹天街是位于北京市朝阳北路上的商业综合体。2017年4月清明小长假期间，龙湖·长楹天街组织了一次大型的营销活动。活动邀请了十余位在微博上粉丝量为百万级的网络红人，他们都有自己经营的领域和相应的粉丝群体，其中有美妆达人、穿搭旅游达人、健身达人等。

在现场，红人们用自身的经历和经验吸引了一批志同道合的朋友。龙湖·长楹天街又适时推出了短时性现场售卖活动，即“红人快闪店”，最大程度地发挥了这些网络红人的自身魅力和感染力（见图6.2）。

图6.2　龙湖·长楹天街红人快闪店活动现场照片

资料来源：http：//www.sohu.com/a/133106491_465163。

活动现场，健身、旅行、美妆等各个领域的网络红人相继登场，现场与粉丝面对面交流、互动，商场则进行全程直播。同时，红人快闪店还同步开通了线上售卖渠道，粉丝可以在微博电商平台直接下单购买购物中心的商品。比如，你可以参加时尚红人的活动，请她帮你现场搭一身衣服，顺便请教服饰穿搭心得。如果满意的话，还可以拿出手机自拍一张，转发至社交媒体。

此外，部分品牌店铺还利用人脸识别技术，推出线上拍照传输、线下刷脸免费尝试等活动。为消费者提供了多样化、新奇有趣的购物体验。

此次活动的数据情况反馈不错，具体如下。

- 活动当日，龙湖·长楹天街官方“红人快闪店”在新浪微博热门话题榜排名第4，时尚美妆话题榜排名前3。话题持续在榜时间超过4小时，话题阅读量达162.1万次，讨论10.8万次，且数据持续升高。
- 现场7位网络红人参与互动直播，发图文帖7篇，预热帖7篇，直播7条。平均单条微博阅读量30万次，直播观看量80万次。合计阅读及观看量超过1 000万次。
- 互动形式多样，现场聚集大量粉丝围观，完成粉丝占卜、粉丝化妆等形式的互动。7位网红进行直播，同时购物橱窗发布场内22个零售品牌，线上限定北京商品购买后直接由闪送送货到家。

龙湖·长楹天街此次活动依赖互联网手段搭建了与消费者互动的平台，摆脱了地域的界限，弥补了空间的不足，通过社交媒体与线上网友的互动，产生了全国联动效应。社交媒体互动也帮助龙湖·长楹天街拿出了能够满足消费者需求的更直接、更个性化的解决方案。

在龙湖·长楹天街的营销案例中，消费者互动的路径是多样化的。有可能是路过被吸引过来的，也有可能是早就通过社交媒体了解到相关活动而兴冲冲地跑来参加的。粉丝们可以通过网红的直播在线观看，觉得不过瘾还可以亲自到现场来。在现场也有人继续同时开着直播平台互动。在任何一个环节，消费者产生了购买兴趣都可以直接购买，可以在现场买，可以在网上买，也可以自己不买而推荐给朋友买。

再看品牌与消费者的关系：有可能是熟悉的品牌，消费者终于有了购买的冲动；也可能反过来，消费者在搭配衣服的过程中购买了商品，再慢慢接触到这个品牌。

总的来看，在新零售营销中，商品、品牌、消费者的关系不是严格的层层递进关系。借助技术手段，融合线上线下各自的优势，最终形成了更精准的消费者洞察、更丰富的产品组合、更多元化的体验场景。精准、丰富、多元这些维度的增加彻底打破了漏斗式的单线条结构。消费者可以从任何场景、任何关系层级切入，也可以从任何场景、任何关系层级切出，这个中间存在无数种路径可能。

如果说传统零售的营销模式是漏斗式的，层层递进，每一层都注重流量和转化，那么新零售时代的营销则是蜂巢式的，多入口、多出口、多触点，场景立体堆积，用户路径多样（见图6.3）。

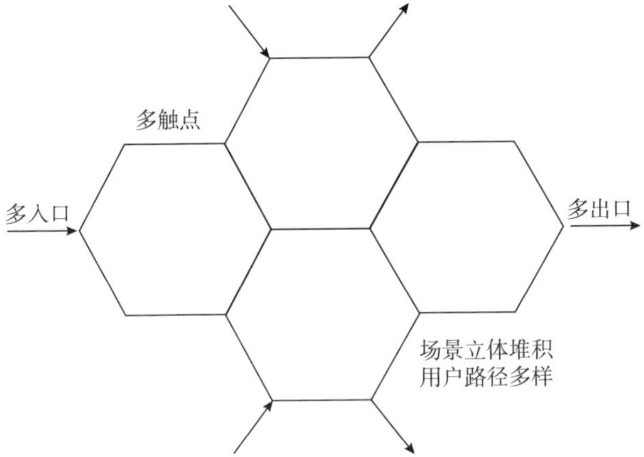

图 6.3　新零售时代营销场景示意

我们经常听到零售业主，尤其是电商行业零售业主感慨“流量越来越贵，转化效果越来越差”。这其中隐含的是传统零售的漏斗思维面对新零售环境的不适应。消费者每天的时间是一定的，用来看新闻可能就没法用来打游戏，用来逛商店就没法用来看直播。线上线下所有的平台都在争夺消费者的时间和注意力。这样的资源一定是稀缺的，在经济规律的作用下，一定会越来越贵。真金白银换回的流量，现在有很多的出口，不一定都指向成交。“既然我随时可以买，我为什么要现在买？”这是消费者新的思维方式。如果继续按照“流量—转化”的思路，在多出口的环境下，低转化率是必然的结果。

有什么好的解决办法呢？忘掉漏斗，忘掉层层递进的关系。首先要承认消费者是复杂的，消费场景是多变的。在新零售时代，“流量—转化”不是唯一的路径，还有大量其他可能需要的探索和实践。

我们一直提到新零售算法升级，其实是用以移动互联网为代表的信息思维去升级一个行业。零售行业不过是众多传统行业中比较早接受变革的。可以通过类比法，看看移动互联网行业的产品是如何解决用户路径问题的。

首要的是，我们可以确认，互联网产品是典型的多入口、多出口、多触点、场景多样、用户路径多样的。比如一款游戏，可以是先购买付费，再下载体验；也可以是在玩的过程中付费解锁关卡，边玩边付费；还可以游戏免费，付费解锁道具、皮肤或者加速游戏进程。有的用户习惯马上注册马上付费，有的用户喜欢以看广告的方式代替付费。用户如果不满意，可能二话不说就把游戏卸载了，也可能会通过游戏里的组织和管理员反馈问题，要求修改游戏机制。

我们刚刚列举了这么多情况和可能性，可无论是哪一款互联网产品，游戏还是应用，它们是如何营销的呢？互联网行业喜欢用“假设—验证”的方法。假设基于用户习惯、偏好和使用场景设计可能的路径，验证通过小范围、多频次的尝试收集数据反馈，逐步得出无限接近真实场景的可能路径。

新零售可以采取类似的办法。这么说起来有些抽象，还是来看具体的例子。

Glossier 是美国的新生代美妆保养化妆品品牌。在美国受到不少年轻女性的追捧，据说其位于纽约的线下零售店门口经常排着长队（见图 6.4）。

图 6.4　在 Glossier 门口排队的消费者

资料来源：https：//36kr. com/coop/retail/post/5085123. html。

作为一个不折不扣的网红品牌，Glossier 的崛起也就是最近几年的事情。它的创始人叫艾米丽·韦斯（Emily Weiss），是一个有故事的姑娘（见图 6.5）。艾米丽长得清丽脱俗，个性活泼开朗，大学毕业后去了一家知名的时尚杂志做摄影助理。她有一个好习惯就是写博客，因为工作的原因，经常可以深入艺人名流的家中，顺便就可以介绍一下名流们是如何化妆和保养的。比如某位名模的梳妆台长什么样子啊，用哪些化妆品啊。这个博客就是后来非常出名的 Into The Gloss，因为是真实的场景又有稀缺的名人资源，它马上和其他美容论坛博客拉开了距离。

Into The Gloss 开始赚广告费，艾米丽可以养活自己后，她就

图 6.5　Glossier 创始人艾米丽·韦斯

资料来源：http：//www. sohu. com/a/77840530_157707。

全职写博客了，但也是在过了两年之后，她和自己的小团队才琢磨着要有点战略规划。2013 年的秋天，他们拿到了 200 万美元的融资，开始思考下一步该怎么走。

从内容到自有品牌，一切就这么发生了。2014 年 10 月，Glossier 这个品牌就诞生了。[①]

一开始 Glossier 也不知道如何定位产品。Glossier 的秘密武器是 Into The Gloss 博客。Glossier 采用“双向沟通”的方式，产品研发团队依托在线社区提供的信息反馈，邀请约 100 位顶级用户组成聊天群组，每周他们的交流信息都超过 1 100 条。

同时，品牌的营销活动也围绕消费者指向的内容，越来越多

---

① 资料来源：搜狐号，《并非美妆网红的女创始人打造万人排队等候的互联网美妆品牌：Glossier》，http：//www. sohu. com/a/77840530_157707；璐忞，《零售下滑？看这家纽约最红美妆品牌怎样把自己做成网红》，https：//36kr. com/coop/retail/post/5085123. html。

的用户都会在使用过 Glossier 的产品后，在社交平台上分享她们的使用照片。艾米丽每天也要在社交网上花费大量时间查看美妆教程、翻阅照片等。

传统的欧美护肤或者美妆品牌是有明确的大类定位的，比如护肤或美妆。Glossier 反其道行之，没把自己框死在哪个大品类里，一下子推出了舒缓面部喷雾、保湿霜、润色面霜和唇膏等多个产品（见图 6.6）。研发团队在同用户的交流过程中，这些产品有些保留下来，有些用户体验较差的则会被优化。所有的产品看似品类不同，但都有一个特点，基于用户最头疼的妆容问题，填补空白市场。

图 6.6　Glossier 最初的产品线

资料来源：http：//www.sohu.com/a/77840530_157707。

比如，Into The Gloss 多年的采访经验告诉大家，化妆师的秘密武器是妆前乳。而好用的妆前乳要么很难在美国买到，要么就是比较昂贵。因此研发团队有针对性地开发了这款产品。在其营销方式上提倡搭配其他大牌使用，有令人惊奇的好效果。

几乎在同一时间，他们在与用户的交流过程中又发现，很多女孩子刚刚学会化妆，手法比较生涩。所以团队有针对性地开发了一款眉刷，使用方便简单，适合手生的化妆初学者使用。

Glossier 的营销策略和品牌定位也是在与用户不断交流的过程中形成的。它的粉丝往往是这样一群人：无论保养品还是化妆品，都喜欢容易上手不会出错的简单产品。真正的 Glossier 铁杆粉丝是刚刚开始学着保养化妆的少女和什么美容潮流都玩遍了，转而追求返璞归真的酷女孩。

Glossier 的宣传语是“不想取代你正在用的产品”，因为其主打产品的特点是作为其他产品的辅助，或加强其他产品的效果，在使用大牌面霜之前涂一层 Glossier 的薄透润肤露，用高级洁面乳后喷两下 Glossier 喷雾，为的是不麻烦的精心呵护。如果只用 Glossier，那也够了。这种“爱用不用，推荐你用”的态度既平实又无所谓，击中了年轻一代的心。

在品牌文化上，Glossier 提出让姑娘们“发现真我”。在 Glossier 问世时，艾米丽就在 Into the Gloss 上发布介绍文，强调自信诚可贵，但自由价更高。所谓自由，她觉得是无论今天过得如何，都还算“OK”的心境。

所以，她的 Glossier 不是要让消费者觉得自己脸上问题很多，需要改善和遮盖，而是要大家相信“你本人就很‘OK’，我们的产品是帮你展现自我”。不需要什么高大上的矫揉造作的"真美形象"，年轻人就是喜欢读到这样口头禅似的提醒（见图 6.7）。

图 6.7　Glossier 的广告语："肌肤第一，化妆第二，永远微笑。"
资料来源：http：//www. sohu. com/a/77840530_157707。

开办两年后，也就是 2016 年年底，Glossier 就有了实体店面，是一个所有人都可以随便进入的产品体验空间。进店之前，有一个细节特别值得一提，为了防止少女们排长队的时候无聊，店员在大街上摆了一面全身镜，还在上面写道"里面有更多的镜子"，见到的人都会莞尔一笑吧。

进入店铺之后，人们会发现视觉设计比产品本身还重要，最直观的评判标准就是放进照片墙里是否好看。导购小姐全部身着实验室式样的制服，不过不是白大褂，而是时髦的淡粉色的连身工装，服务态度亲切又不刻意，像懂得比你多一点的学姐。店内除了各种可爱的精巧设计和许多面镜子外，还有一张洗脸台，摆放了鲜花和少量产品，很像每个女孩梦想中的梳妆台，无一不是自拍的最佳背景和道具。与其他品牌美妆店不同，店内的试用装都不是原装产品，刷头等直接接触皮肤的部分都是一次性的，顾客在一张购物单上圈出心仪的产品，结账时取货。Glossier 的价格并不算特别昂贵，集中在十几美元到三十多美元之间，但线上线下体验设计十分巧妙，让每位顾客都享受到了个性化的关怀。

Glossier 的案例非常具有代表性，它反映了“假设—验证”的逻辑在新零售营销中的效果。化妆品行业向来是营销大牌们的炫技舞台，一个初创品牌是如何杀出重围的呢？

要了解这一点，我们不妨先反过来看，顾客最终想要的是什么？

- 顾客想要“新手友好型”的化妆品，如案例中提到的眉刷。
- 顾客在某些关键环节缺乏能带来显著变化，却又不是特别昂贵的辅助化妆品，如案例中提到的妆前乳。
- 顾客不想大幅改变现有的化妆品购买习惯，“不想取代你正在用的产品”的定位让顾客选择起来没有负担。
- 顾客对待自我价值的态度有了微妙的变化，内心排斥过度修饰、取悦他人，想要美，又不想受到世俗的拘束。发现真我，“OK”就行，这无疑可以成为年轻人内心的感召，也与其他老牌化妆品巨头划清了界限。

这些新生代消费者的小算盘，大牌化妆品投入了大量的市场研究怎么就没有发现呢？Glossier 这个小公司又是如何拨开层层迷雾，七弯八绕地找到了正确的路径呢？

我们来看看 Glossier 做对了哪些事情？

- 以名人私家化妆品探秘的方式，聚拢了一批忠实的粉丝。可以说这群人在 Glossier 的初创、探索、发展各个时期都扮演了至关重要的角色。传统的营销理论中，商家需要圈定一个人群作为自己的目标客户群，再不断通过品牌营销发展同他们的关系，直到推动购买行为。而对于 Glossier 来说，在商品都还没有出现之前，就有了一批集消费者、产品专家、传播达人于一体的粉丝。这群粉丝并不是由 Glossier 框选出来的，而是在内容的吸引下自发形成的。
- Glossier 的重心一直都在产品上，所有的营销活动都围绕产品体验展开。顾客一开始记住的是 Glossier 好用的妆前乳、眉刷，慢慢才由对产品的喜爱，延伸到对品牌的喜爱。这点和互联网产品很像，所有互联网产品的营销重点都在产品上，品牌脱离产品就无从谈起。
- Glossier 的产品设计打破了行业固有思维，真正以顾客为中心。虽然涉及多个领域，但出发点都是为解决某个具体的顾客问题。传统营销担心的定位不清晰并没有出现。因为 Glossier 的定位本就不是美白或者修复这些功能，而是为年轻一代女孩提供她们真正想要的化妆品。
- Glossier 的营销是在与顾客不断的对话中完成的。Glossier 没有去说服顾客，而是让顾客说服自己，怎样的产品是好产品，再让顾客说服其他顾客，为什么要去 Glossier 买东西。我们可以想象，Glossier 一开始的市场策略是天马行空的，每个粗糙的想法都可能是未来最重要的增长方向，如果拿不准就都实验一下吧。

新零售时代，消费者与商品间的交互触点成几何倍数增加。好比原来读懂消费者是一套 10 道单选题的小测试，而现在是一套 100 道单选题和 50 道多选题，还有填空题和问答题的大考卷。传统营销的方式是凭经验认真准备，最后大开大合希望一次性答对所有题目，顺利过关。原来题目少，消费者好懂，路径单一，总有那么一些学霸可以答对。而现在，消费者难懂多了，路径复杂多变，要想一次性把所有题目都答对极其困难。好不容易准备好了，大半年就过去了，消费者说，不好意思我要收卷了，消费趋势、口味都变了，又换了一张新的试卷。

新零售营销怎么答题呢？新零售根本不把营销当成考试，而是当成简单的小问卷。他请消费者坐到自己身边，不复习，不准备，直接动手开始做。每做一题，就问问消费者，我做的对不对啊，不对的话赶紧重新做。就这么边问边做，一会儿工夫就把试卷做完了。消费者说，答案全对，我收卷了。转头一看，隔壁还在憋大招呢，才刚刚做完了一小部分。

我们把这个做试卷的过程叫作“假设—验证”。假设就是在深刻理解新零售营销规律的前提下，猜出最可能的答案，并做出快速的尝试。这些规律，包括产品自传播规律、场景路径规律、社群亚文化规律等，在后面的部分我们会详细介绍。验证就是快速执行，检验效果，这一过程中会利用到大数据工具、商业智能算法等。

新零售营销的核心动作就是创造与消费者的高频次、高质量对话。

“假设”能力强体现在对消费者、场景、社区的深刻认知上，每个触点，尝试很少的次数就能获得最佳答案。“验证”能力强体现在反馈的效率上，每次尝试后能将反馈数据全面、充分、精准地采集到，并给出正确路径的可能方向。

产品自传播

在前面提到的“假设—验证”模式中，假设不等于随机猜测。在经过大量“假设—验证”迭代之后，营销高手们逐渐掌握了一些新零售的规律。其中最重要的一条就是产品自传播规律。

在信息高度对称、高速流动的新零售环境下，产品本身能被识别和传播。既然产品能够被识别和传播，那么营销的重心就应该从传统的品牌与消费者的关系转移到产品与用户的关系。

传统零售中产品设计生产与营销是分离的，先把产品做好了，再想办法卖出去。新零售中产品部门和营销部门是不分家的，做好了，就能够卖出去，如果卖不出去，就得改产品，看看是哪里没做好。

好的产品自带传播属性，消费者会用自身最容易理解的方式传播，企业的营销行为不是重新修一条路径给消费者走，而是顺着消费者的路径添砖加瓦。

Untuckit 是一家 2011 年创立的服饰品牌，主打男士休闲衬衫。“Untuckit”的意思就是不把衬衫扎到裤子里，也就是我们常说的衬衫的休闲穿法。创始人是两个大男生亚伦·萨南德雷斯

（Aaron Sanandres）和克里斯·里科博诺（Chris Riccobono），他们本身就喜欢穿休闲衬衫。他们发现把衬衫下沿从裤子里“解放”出来的穿法一年四季都会受到男士们的喜爱，无论怎么搭配都舒适随意，潇洒自然。但是市面上的衬衫并不适合这样的穿法，一旦把下沿从裤子里拿出来就显得臃肿肥大，拖沓邋遢。基于这样的理念，他们就研发出一款产品——专门适合休闲穿法的衬衫，并命名为Untuckit（见图6.8）。

图6.8　Untuckit衬衫宣传照片

资料来源：http：//www.businessinsider.com/untuckit-sells-shirts-designed-to-be-worn-untucked-2017-6。

设计上，Untuckit衬衫下沿短且修身，面料注重舒适有质感，适合四季常穿，在包边、弧线版型等细节上花小心思让男士们看起来像在海边度假的型男，精致而又不羁（见图6.9）。

Untuckit衬衫一经推出就大受欢迎。男士们看到其名称后立马领会其中含义，在官网看到图片后瞬间进入“买买买”模式。

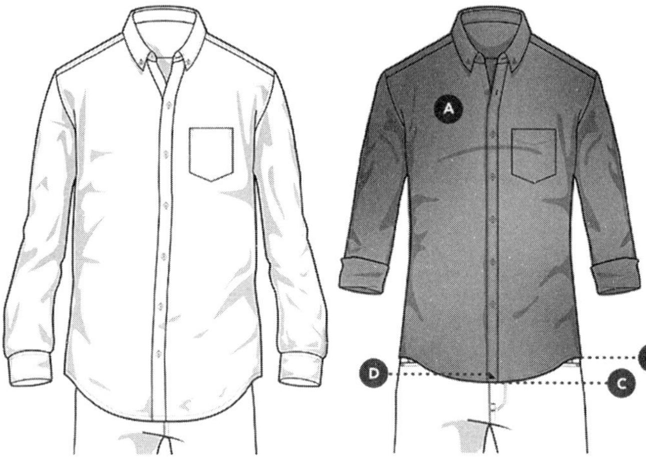

图 6.9　Untuckit 设计对比：左边为普通衬衫，右边为 Untuckit 衬衫

资料来源：https：//www. untuckit. com/。

其创始人在接受媒体采访时表示，他们的营销方式非常简单，仅仅在广播、杂志和社交媒体上说了设计产品的初衷，消费者的反馈就如潮水般涌来，纷纷表示这正是他们想要的产品。

在同消费者的互动中，Untuckit 把握了这股让“休闲装更精致”的时尚潮流，并推出了同样风格的 Polo 衫（又称“高尔夫球衫”）等产品。有趣的是，最近 Untuckit 也开始尝试女装，两位创始人发现女生喜欢偷穿男朋友的衬衫，并在社交媒体上分享美照，看起来非常俏皮可爱。所以，他们设计了一款长得像男士衬衫的女士衬衫。营销宣传语是：“女士专属，从他那儿借来的完美衬衫。”（Lady Only，Styles for Her，the perfect fit borrow from Him）

Untuckit 也是从线上拓展到线下的，根据最新一轮的估值，

Untuckit 目前价值高达 2 亿美元。

Untuckit 是典型的产品自传播营销。品牌名称就是产品最具有感召力的特征。创始人专心挖掘需求，雕琢产品，一旦拥有让用户无法拒绝的好产品，营销就是顺水推舟的过程，这其中用户是传播的主角。这个思路和这几年移动互联网行业反复强调的口碑营销其实是一回事。

在过去，传播路径单一，基本上是企业通过媒体在向消费者喊话，产品离消费者遥远，从感知到购买的周期较长。品牌从产品中提炼出来，更容易传播。随着信息去中心化，人与人之间的交流成为主要的信息传播手段。理论上，只要产品足够好，总会很快被发现并传播。用户会去主动发掘好产品，主打内容的选品导购类公司更是不遗余力地寻找下一个网红产品。就像地上如果有一张百元大钞，一定会有人很快捡起来一样。

因此，企业不用太担心好产品缺乏传播途径的问题。营销的重点和难点是怎样把好产品的特征设计得易于传播。

比如，餐饮零售行业所有网红餐厅所谓的爆款产品，设计思路上都是追求越来越强的视觉冲击力，毕竟朋友圈里品尝不到食品的美味，但可以看得到食品外观的漂亮。

图 6. 10 中的奶昔杯是纽约汉堡店 Black Tap 的招牌产品，它的巨量和高颜值霸占了所有食客的社交媒体屏幕。这是一款让人们忍不住分享的产品，商家可能连拍照的光线都精心设计好了，只等你按下分享按钮，沿着预期的路径引爆朋友圈。

在新零售的算法中，好产品 = 好内容 = 好品牌。过去是变着

图 6.10　纽约汉堡店 Black Tap 的巨型奶昔杯

资料来源：http：//photo. pcpop. com/vis-1968166. htm。

法子把营销方案强加给消费者，消费者若不买账，就换方案再来。现在消费者要是不买账，得赶紧与消费者对话，看看是不是产品不好，如果不好的话就改了产品再来。

产品的自传播离不开内容，而内容的传播会不断受到代际更替、文化思潮的影响。回想一下娱乐生活的变化。当下热门的电视剧，大部分是由 10 年前“85 后”“90 后”痴迷的网络小说改编的。电子竞技也被国家体育总局纳入正式体育竞赛项目。因为代际更替，曾经被主流文化所忽视的亚文化、小众文化，伴随着“90 后”“95 后”成为社会主流消费人群而一跃成为新的主流文化。同时，内容传播的规律也在不断调整适应。

IP 化就是新时期内容传播规律中另一个显著的特征。随着代际更替，“90 后”“00 后”这批互联网原住民已成为消费主力军，他们普遍受过高等教育，崇尚自我意识。这部分人群更倾向于为

“标签”和“关系”买单。这就极大地激发了品牌主在内容上的创造力，赋予“品牌”具有身份认同感的“标签”，创造品牌与消费者之间、消费者与消费者之间的“情感链接”，从而“捆绑”新生代人群。

万象城是华润置地旗下的高品质购物中心，在国内目前有28家商业综合体。万象城在2017年发力IP化内容传播——象果家族。在线上，象果家族的4个成员（见图6.11）通过人格化的表达形式，传播各类“品牌语言”，在这一过程中大量采用漫画、表情包、短视频、衍生品等形式进行长期、持续的内容建设，逐渐在消费者心目中树立象果家族的“三观”；在线下，28家万象城的日常运营不断结合热点网红与象果家族的IP群组形象跨界合作，通过网红IP的负成本链接增加象果家族的曝光度，以及通过会员积分兑换的衍生品持续宣传及建设

图6.11 万象城象果家族

资料来源：象果家族IP运营公司提供。

旗下象果家族。这种方式非常直观有效，其一，优质网红 IP 本身可以带来流量，即所谓的负成本；其二，优质商品在传播中同样可以带来持续的流量。

万象城作为流量的入口，同时也需要不断标榜作为城市生活方式的价值理念。这个时候是使用象果家族 IP 作为提升格调、孵化并建设品牌 IP 的绝佳机会。同时，通过会员积分兑换的衍生品，在会员的日常使用中持续宣传象果家族，形成新的社交货币，甚至产生社交货币的“复利”。

可以说，建设品牌的过程也是孵化万象城的 IP——象果家族的过程，象果家族这个 IP 在未来运营中也将持续带来“可期待的价值”。

至于可期待的价值到底有多大，不妨看看 IP 界的明星 Line Friends（直译为“网友”）。2016 年 8 月，当 Line Friends 亮相南京凯瑟琳广场时，仅短短数小时，已有近两万人到场。临近关门时，不少排队的粉丝是被店员“劝离”的，其受追捧程度可见一斑。万象城的这种模式从本源上看和 Line Friends 的品牌孵化模式异曲同工。

自建 IP 并不是品牌唯一的选择，移植合适的 IP 也能收到奇佳的效果。ofo 小黄车的品牌格调年轻而时尚，特点分明，也并没有建设“吉祥物”这种相对易于传播的 IP。那么 ofo 小黄车的宣传方式是怎样的呢？我们知道 ofo 小黄车使用过品牌代言人鹿晗，并且在同各类超级 IP 做连接，比如小黄人和熊本熊（见图 6.12），相信未来这个品牌会启用更多的黄色系、同价值观的 IP

图 6.12　ofo 小黄车与小黄人的品牌合作

资料来源：http：//www. zcool. com. cn/work/ZMjI4Mzg4MDg =/2. html。

做跨界合作。这种方式除了我们在上一个案例中提到的“负成本链接”以外，更多的是借助超级 IP 的势能，通过消费者对超级 IP 的认知来为 ofo 小黄车的品牌贴上“认知”标签，这种形式叫作“认知转移”，最后持续沉淀为 ofo 小黄车的品牌价值。

品效合一

在新零售营销的“假设—验证”逻辑中，品效合一是另一个需要重点把握的规律。“品”代表长期的品牌感召，“效”代表实时销售拉动效果，简单来说就是既要消费者记住品牌，又要消费者掏钱买单。先说结论，传统营销认为品效合一是一个伪命题，所以把广告分为品牌广告和效果广告两类。而新零售营销假设品效是可以兼顾的，同时也是必须兼顾的。回想一下上一节中提到的新零售营销品牌 = 内容 = 产品，如果用户连产品都不愿意购买、体验，何谈反馈和产品优化？所以新零售品效必须兼顾。问题是怎么兼顾？

2017 年 5 月 14 日，微信朋友圈被百雀羚的长图广告《一九三一》刷屏了，《一九三一》采取了复古的旧上海风、美女洋车、招牌式的《清明上河图》等展开方式，将一个民国时期的谍战故事娓娓道来。据统计，该广告的阅读量达 3 000 万以上。几日之后，朋友圈再次被刷屏。这次是因为作为百雀羚的广告虽然有令人咂舌的传播效果，但销售拉动并不理想，目标产品母亲节特别定制款“月光宝盒”的销售转化率仅为 0.000 08，即 10 万阅读量只有 8 人购买，其高阅读和低转化引发了营销圈的热烈争论。

主流的观点认为，这就是一则优秀的品牌广告，不能用短期的销售转化来苛求它，而且也不是所有品牌广告都能达到像百雀羚这样的刷屏效果。事实上，2016 年百雀羚单品牌零售额达到了 138 亿元，同比增幅达 27.8%，已经成为销售额最大的中国护肤品品牌，这其中品牌营销功不可没。

不过，将这次营销活动完全定义为品牌营销，似乎也说不过去。因为在广告中已经明确引导消费者发现彩蛋、拿优惠券，并购买产品，只不过这些行为操作起来并不简单，需要重新打开其他 App，拿优惠券的步骤也十分烦琐，估计低转化和这些设计有一定关系。

品牌感召和销售效果一定是不可兼得的吗？我们必须承认两者存在一定的矛盾。品牌看长远，内容属性强，至于这些内容能不能马上发挥作用不好说；销售效果看短期，工具属性强，问题是，不需要做这件事情的人马上就会跳过。

图 6.13 中的保险广告就是最好的例子。左边的品牌广告，对于销售短期内几乎没有直接拉动，但是在不断强化品牌影响力。而右边的效果广告对于销售有直接促进，不过暂时不买车险的人就会直接忽略。

简单地说，品牌影响力决定了产品的溢价水平和竞争力，而销售效果会直接促成每一次购买，对于企业来说两者缺一不可。

SK-II 是宝洁旗下的高端化妆品品牌。其在 2017 年 6 月就曾经策划执行过一次漂亮的营销活动，品牌传播和销售拉动都受到

图 6.13 保险品牌广告（左）和效果广告（右）

资料来源：https：//zhuanlan. zhihu. com/p/22826908。

业界好评。6 月 21 日，SK-II 通过社交媒体矩阵发布短片《人生不设限》（见图 6. 14），讲述了中、日、韩 3 个不同国家的 30 岁女性面对事业、婚姻等问题时的成长故事。在短片的结尾，这 3 个女主角以各自认同的方式勇敢地直面未来，笑对生活挑战，释放了内心的压力，“年龄对于她们来说不是问题”的广告语完美扣题。随后的几天，SK-II 在社交媒体上将女性价值的讨论推为热点，让消费者的注意力在社交平台上聚集。截至 6 月 28 日，SK-II 态度短片《人生不设限》在秒拍平台播放达 3 324 万次，在腾讯视频播放超 1 300 万次，远超去年同类品牌广告《她最后去了相亲角》的全年播放量。

在成功的品牌广告背后，是对消费者内心诉求的精准把握。在视频拍摄之处，制作组针对中、日、韩、英、美等 11 个国家和地区的近万人开展了年龄压力调查，从各个细节挖掘女性因为年龄而不得不面对的诸多压力场景，这才有了视频中让消费者感同身受的细节描述。

图 6.14　SK-II《人生不设限》短片截屏

资料来源：https：//baijiahao. baidu. com/s? id = 1572232062393991&wfr = spider&for = pc。

如果营销活动到这里结束，那只能算作一次高质量的品牌推广，在这个时候倘若没有通过设计合适的路径激发消费者去购买 SK-II 的产品，消费者的注意力很快就会投入新的热点中，或者过几天其他品牌开始推新品、做促销，消费者好不容易燃起的改变自我的冲动就要转化为其他商家的销售额了，这是任何品牌都不愿意看到的。

按照传统的思路，在一拨高影响力的品牌广告后，商家会密集投放效果营销广告，最大限度地利用好消费者燃起的购买热情。相比起来，SK-II 的做法显得更加聪明。

一方面，SK-II 通过持续的长尾营销活动，将主题发酵成话题；另一方面，商品销售转化的各个细节完美契合话题场景，最终收获了销售量暴涨 50% 的惊人效果。

在视频推出后，SK-II 邀请了汤唯、霍建华、李沁等明星和几位普通的消费者来分享、对谈“年龄压力”话题。这样的讨论延续了《人生不设限》视频的热度，通过明星带流量，再借助娱乐新闻报道、社交媒体引发网络讨论。

SK-II 还选择了流量爆棚的网络辩论节目《奇葩说》作为话题升级的场所。辩手们针对“30 岁对女性来说是否是一个关卡”这个话题各抒己见。《奇葩说》是一个能够碰撞出很多先锋观点的平台，马东和姜思达、肖骁、傅首尔、颜如晶这 4 位辩手也是各具风格的舆论领袖，他们的粉丝年龄层也和品牌的目标人群基本重合，观众会愿意接受节目中传达出的声音，因此这期节目在天猫直播时有超过 12 万人观看，并且很多观众停留时长超过了半小时。[①]

消费者认可“年龄压力”话题传递出来的积极价值观后，怎样将之转化为产品的忠实购买者呢？除了常规的加大效果广告投放力度外，SK-II 还重视完整购买场景路径的打造。

比如 SK-II 产品线里有一款面膜产品，售价不菲，10 片装的价格在 1 000 元上下，套用网上的评论，叫“感觉在敷人民币”。这款面膜原来的名字很朴实，就叫 SK-II 护肤面膜，但其在网络上盛传的是另外一个名字“前男友面膜”，现在如果打开 SK-II 的天猫店铺页，产品页面上官方的宣传也赫然写着“前男友面膜”字样（见图 6. 15）。

---

① 资料来源：SocialBeta－岳野兔，《SK-II 是如何跳脱产品，成为“女性议题引领者”的?》，https：//www. cbo. cn/article/id/42710. html。

图 6.15　SK-II 的天猫店铺产品页面

资料来源：https：//www. tmall. com。

有关该产品流传的故事是，因为这款面膜价格昂贵，效果惊人，是必备的急救面膜。如果遇到突然要参加前男友婚礼的情况，敷上几天，即可光彩照人地出现在前男友面前，这就是传说中的“绝对不能输的场景”。

回顾一下消费者的购买场景路径：看到《人生不设限》短片，对于片中人物的遭遇感同身受，在娱乐新闻中读到明星的感言分享，在《奇葩说》节目中为犀利的婚恋观点拍手叫好，认可年龄不能阻碍对美好事物和自由的追求，任何时候都要展示自信积极的态度，例如遭遇到类似“前男友”场景，比如老同学聚会等。在推送的 SK-II 效果广告中，发现了“前男友面膜”产品，功能上完美契合需求，便毫不犹豫地下单购买，内心感觉自己花钱买到的不是一片面膜，而是面对压力强大自信的气场。这样想想，价格就不是问题了。

回顾 SK-II 营销案例中品牌、商品与用户的互动流程，每个环节都有消费者洞察作支撑，都指向设定好的路径方向。这样环环相扣的过程和互联网行业产品设计中的用户路径图如出一辙。

用户路径图的原理是将用户与产品/品牌接触的每个事件看作一个节点，每个节点代表一个具体的交互场景，节点与节点之间通过时间先后顺序连接起来，最终形成了一条完整的用户路径（见图 6. 16）。

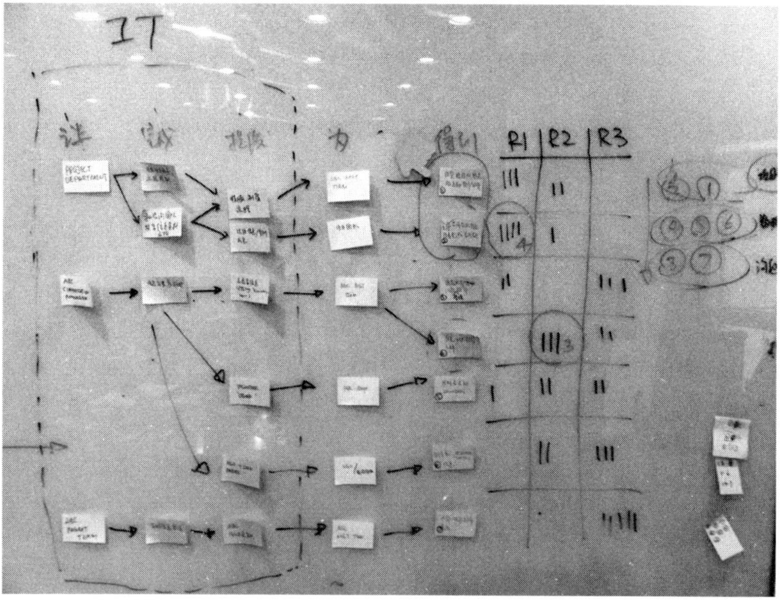

图 6. 16　用户路径图实例

资料来源：http：//www. tuzei8. com/。

过去，无论是品牌营销还是销售拉动效果营销，围绕的都是用户路径上的某几个节点，因此会产生品牌宣传和销售效果拉动不兼容的问题。现在把视角放宽，在一条完成的用户路径上，从开始如何触达用户，到最后如何带来购买行为，每个节点可以有大数据提供消费者洞察，从而设计一条或者多条完整连贯的交互体验路径。

品效合一的命题一旦不需要在孤立的场景中解决，就会好办很多。过去，品牌主与用户在某个场景下产生交互后，并不清楚下一个场景用户会去哪里、会做什么，因此会非常焦急地希望在有限的几个接触场景下，做完所有想做的事情，让用户记住品牌，让用户产生购买。在新零售的环境下，如我们在前面介绍的蜂窝模型，用户与品牌、产品产生交互的节点大大增加，节点之间的跳转逻辑更加多样，但是受益于大数据技术，用户在每个节点发生的行为事件清晰可见。在商业智能的支持下，行为事件之间的关联性也被充分发掘。营销活动的关键，是利用好每个场景节点展示出的消费者行为规律，设计一条连贯的用户路径，就像SK-II案例中环环相扣的营销设计一样，最终实现品效合一。

营销科技流

前文提到的产品自传播规律和用户路径分析解决品效合一的方法都是在提出一种假设。假设按照这样或者那样的方式、路径可以更好地穿过迷宫般的“蜂巢模型”，最终实现预期的营销目标。在“假设—验证”的关键动作中，光有假设是没有用的，还需要先进的验证手段。比如，我知道做出好产品能产生好内容、形成好品牌，但怎样才能做出好产品呢？我怎么知道做出来的产品是不是好产品？产品做出来以后离用户喜爱的好产品还差多远？如何修改？这些问题都需要“验证”行为来解答。

在新零售环境中，“验证”行为高度依赖技术，如大数据技术、智能技术、虚拟现实技术等。这些技术在具体的应用环境中组成产生更多新的营销技术概念，比如，全域营销、全渠道、全链路、程序化购买、智能化投放、跨屏营销，等等。所以，与其他模块不同，新零售营销中的“验证”环节，基本可以理解为学会使用武器的过程。十分现实地说，传统营销依赖的创意和经验，在与新零售时代的营销技术的竞争中几乎是赤手空拳对抗飞机大炮，毫无胜算。先说经验吧，这块很好理解，通过数据和算法得出的投放方案明显比依赖营销专家过往的经验要可靠得多。

创意方面原本是技术最难渗透的，没想到这块硕果仅存的阵地也开始沦陷了。比如，现在不少微信排版工具都增加了智能配图功能，你只要填写好关键词，选择好风格，系统就会自动根据关键词内容设计封面图片。在广告设计领域，人工智能可以根据收集到的反馈信息，判断哪种创意模式比较受用户欢迎，然后通过对比调用庞大的创意数据库中的创意模板，把它们按照一定的算法组合起来，最终形成广告成品。另外，当营销创意人员设计出一套广告方案或者营销策划时，智能广告辅助平台可以基于算法对创意进行打分、判断可能的效果，甚至给出修改建议。未来，创意这块会不断被侵蚀，模式化的创意工作会很快被机器替代，只要机器找到了模式或者算法，艺术也就不再神秘。类似原理可参考用 Prisma（一款图片处理 App）把照片转换为风格化的“艺术”作品（见图 6.17）。

目前营销领域的技术已经十分先进，作为品牌主和零售业主，大家就不用想着自己“造轮子”了，最重要的是学会鉴别先进的营销技术武器，学会使用这些武器来加速“验证”过程，打通“假设—验证”的关键循环动作。

而现在代表先进生产力的营销技术有哪些类别呢？大致可以分为 3 类，并且各自对应一类“假设—验证”。

图 6.17　用 Prisma 生成风格化“艺术”作品

- 洞察技术——验证用户假设。
- 决策技术——验证路径假设。
- 影响技术——验证场景假设。

洞察技术是以大数据技术为核心，以用户身份为线索，记录所有用户行为、事件、态度、关系的技术。简单地说，洞察技术是为了看得更清楚，相关的应用概念包括全域营销、全渠道、全链路、品牌数据银行、跨屏营销等。

洞察技术有两个重要的趋势，数据打通和唯一身份。

用户在不同场景、不同平台、不同渠道中留下了各种行为轨迹数据，这些数据分散在不同的商家和平台手中，商家和平台对于用户的理解如同盲人摸象，只看到属于自己的数据分析出来的结果。要把这些数据整合在一起，才能发挥最大的价值，理解用户行为轨迹的前因后果、来龙去脉。

在这个大背景下，掌握了最多数据的巨头首先开始打通自有系统内的数据。于是，阿里巴巴率先提出全域营销的概念，打通在阿里巴巴体系内各个平台、产品、场景下的消费者数据，其中包括线上、线下全渠道的数据。

数据打通之后，不同平台的数据需要有线索穿起来。这个线索就是消费者，或者准确地说是用户。这个时候唯一身份就十分重要了，用户在不同平台以不同的身份留下行为轨迹，如果能把这些身份都对应到唯一的独立身份，就相当于零售行业有了用户身份证号，那么用户的行为像素将不断累积，成像后的图片会极为清晰。

阿里巴巴提出的全域营销中的Uni-ID体系，依靠产品、社交媒体矩阵内的账号实现身份的统一。在策略（人群、机会）、传播（认知、兴趣）、运营链路（购买、忠诚）等方面，将以往线性的消费路径变成针对每个用户的独特决策链路。用户的身份标记统一了，那么用户走过的路径就能利用不同平台的数据拼接出来。这些数据对于品牌来说，是理解用户与品牌、用户与商品、商品与品牌、品牌与渠道等关系的宝贵参考。如果再搭载后面提到的决策技术，将形成强大的营销实力。

因此，阿里巴巴希望商家把所有跟品牌相关的消费者数据沉淀到其开设的品牌数据银行里，让品牌对这些数据进行分析、再利用和再营销。最终形成公域数据和私域数据的循环流动，产生更多更有价值的洞察。

洞察技术的另一个巨大进步在认知领域。传统的消费者研究把消费者按照人群类别划分，而将消费者作为一个真实存在的个体解读是十分模糊的。而认知智能技术的出现，将个体的独特性与身份相关联，如性格、品质、消费习惯、欲望乃至热情。认知智能使得营销算法除了具有高效属性，还慢慢有了情感理解属性。

举例来说，不打扰的精准投放技术可以理解你的注意力习惯和情绪变化，选择在合适的时候呈现符合你当前心情的内容。比如你正在看娱乐节目，系统基于过往对你的理解，知道你会对与明星相关的服饰感兴趣，于是就在节目的非高潮时间展示服饰广告。当你开始工作，查阅相关资讯时，系统记录了你频繁关闭跳出的含有广告内容页面的事件，于是把所有的广告都关闭，不打扰你工作。在合适的时间，做合适的事情，未来的营销不仅有智商，还有情商。

在洞察技术的帮助下，商家能验证对用户理解的假设。而决策技术针对的是路径假设，即采用什么方法才是最好的。决策技术以程序化购买、智能营销引擎为代表，以人工智能技术为核心。

程序化购买是指用数据和算法来代替人进行广告购买和投放，与传统的凭经验购买相比，前者可以极大地提升广告投放效率。程序化购买不是什么新鲜事物，目前已经形成了成熟的产业生态，专业化平台分工也在不断细化。随着人工智能技术的成熟，程序化购买留给营销人员的操作空间会越来越小，更多地以算法来宏观把控。具体来说就是，原来营销人员还需要做不少决策和选择，至少要选择营销方向，设定营销目标。而未来所有的过往数据都在平台上，智能算法对于营销方向的理解会比人更加深刻，它就做主为你配置决策好了一切。营销人员要做的就是确认和把营销费用准备好。

比如，阿里巴巴在2016年10月推出智能营销引擎——OCP“X”，能覆盖常见的CPC、CPM、CPS、CPA等计费体系[①]，可以通过不同方式自由灵活组合来优化营销效率。数字营销核心要素包括创意、触达和出价。从现阶段的淘宝、天猫品牌营销执行来看，搜索和展示数字营销还是过度依赖人工，关键词选择、圈定人群、定佣等环节都受限于营销人员的技术能力和数据积累程度而显得举步维艰。

例如，在搜索营销中，目前用户对关键词的利用率不足10%。即便系统把关键词推荐到广告主面前，后续的甄别操作也仍然困难重重。问题根源就在于在触达和出价能力上，面对海量的数据和流量，人工往往力不从心。而机器学习则可以利用海量用户数据，理解用户意图，对流量和创意做最合适的匹配。

从出价上看，每一个流量都是不同的。在不同时间，不同场景，不同人的搜索，都应该使用不同的出价。依赖人工很难对这

① CPC指按照单次点击计费，CPM指按照千人曝光计费，CPS指按照销量计费，CPA指按照行为效果计费。

种海量的维度组合给出一个充分合理的定价。而阿里妈妈正在利用超大规模机器学习，智能计算每一个 PV（页面浏览量）的流量价值，从而合理出价。①

有了洞察技术的理解能力和决策技术的判断能力，还需要有好的方式方法来影响用户。影响技术验证的是场景假设，即怎样的场景才能打动用户。在语音识别、图像识别和虚拟现实/现实增强技术的支持下，场景创新的空间超出想象。

1. 图像视频识别技术

鞋类电商平台 Shoes. com 采用了商品智能筛选技术。用户某次在街上偶尔瞥见了路人脚上穿着一款不错的鞋子，但对其品牌、款式一无所知，可以打开 Shoes. com 的手机应用，从候选图片中选择一种最像的款式大类，随后会出现新的候选图片，给出更加细致的产品特征，选 3 ~ 4 次，就能找到自己最心仪的款式，完美解决了许多人明明有购买欲望，却不知如何描述想购买的产品的问题。这背后依赖的是图片识别技术，将不同款式的鞋子图片中的特征以数据的形式关联起来（见图 6. 18）。

此外，图像识别技术还能识别出图片中的人物、背景信息等。比如，一篇文章包含某位明星的图片，机器会自动识别出这位明星是谁，从而自动投放他代言的品牌广告。同时，这也能验

① 资料来源：周勤燕，《阿里妈妈推智能营销 OCPX 智能化升级现有数字营销模式》，http：//www. donews. com/company/201610/2940590. shtm。

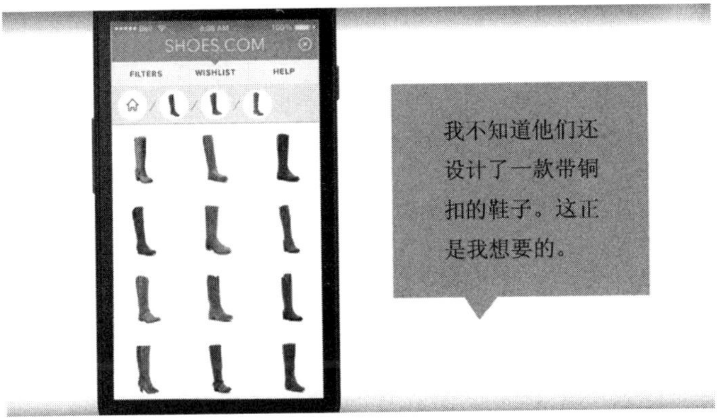

图 6.18　Shoes. com 的产品介绍视频：如何寻找难以描述的心仪鞋子

资料来源：http：//www. meihua. info/a/65732。

证出该场景下，是否能提升明星代言的商品销售转化率。

类似的，在电影、电视等节目中，利用视频识别技术，可以对图像画面内容进行分析，在相应画面或者语音出现的时候推送同款产品（见图 6. 19）。

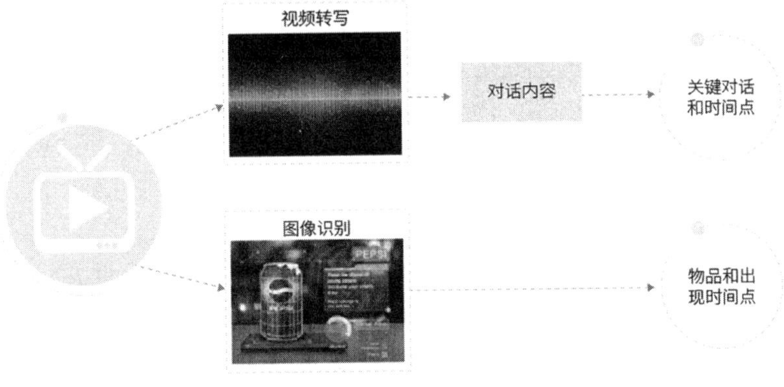

图 6. 19　视频图像识别技术模式

资料来源：http：//36kr. com/p/5086922. html。

2. 语音互动技术

通过语音互动让广告“活”起来，消费者能与营销内容对话，从而让营销场景更加生动有趣。

比如，使用优酷、爱奇艺之类的视频类 App，如果没有购买会员，一般在节目正式开始之前都会有一个 30～90 秒的广告，大部分用户都会比较反感这些广告，希望减少广告时间，但是广告主又希望能够通过较长的广告来提升用户对品牌和产品的认知。针对这个矛盾的场景，语音广告技术公司推出视频互动广告。在播放正常 30 秒的广告过程中，播放到 5 秒的时候，会通过语音问用户一个问题，用户也通过语音来回答，如果用户回答正确，就可以跳过这个广告。从用户角度来说，节省了时间，他们是乐于参与的，而从广告主角度来说，虽然广告时间缩短了，但是广告传播的目的达到了，用户为了能够正确回答问题，就会更加注意广告的内容，并且在回答问题的过程中，会有一个思考的过程，这会进一步加深用户对品牌和产品的认知。

3. VR、AR 技术

比如，欧莱雅集团与 AR 美妆 App“玩美彩妆”合作（见图 6.20）。用户可通过该 App 体验欧莱雅旗下的化妆单品。欧莱雅集团首席数字官卢博米尔·罗谢特（Lubomira Rochet）表示：“虚拟试妆、直播影片、AR 购物能够融合线上到线下的体

图 6.20　现实增强技术应用在虚拟试妆领域

资料来源：http：//36kr. com/p/5086922. html。

验，是现在美妆体验过程中的重要环节，这些新形态的体验除了令顾客惊喜，也能提升品牌的转换率，增加品牌渗透市场的深度。"①

① 资料来源：东方亦落，《雅诗兰黛、欧莱雅等入局，美妆时尚 + AR 商业空间几何?》，http：//36kr. com/p/5086922. html。

后记

写书是一个精力消耗极大的活儿。2017 年春天开始筹划写这样一本书，在创作过程中我曾经无数次幻想完稿后的成就感。到 2018 年 1 月份完成初稿交给编辑的时候，我并没有像想象中那样长长舒了一口气，而是充满了遗憾和纠结。

国内的新零售行业发展得太快了，写作的进度永远赶不上市场的变化。我曾经和编辑开玩笑，如果不断把新内容加进去，这本书永远写不完。想要获取最新的资讯和业界动态，科技新闻和企业交流一定是更好的选择，而书籍受制于出版周期，会有半年到一年的滞后性。

回到最初的想法，为什么要写这样一本书？其实特别简单，就是想要寻找复杂现象变化背后的规律，帮助自己更好地看清形势，提早布局产业。

而写完之后我才意识到，写作的过程更多的是给自己一个不断学习、总结、实践的由头。至于能够为读者带来什么，在完稿之后我的态度会更加诚惶诚恐。原因有以下三点。

第一，产业进化速度太快。书中列举的案例企业，自身就在不断适应变化。某些代表先进趋势的做法，在写作的时间点上是可以直接学习模仿的，但等到读者阅读的时间点，就需要理解规律寻找新的变革机会了。

第二，大量规律需要数据实证。以内容化为例子，产品组合与配方这个逻辑的提出，虽然我们看到了明显的趋势，但无法用数据来证明，颇为遗憾。因为发现规律的企业正在加速迭代中，无暇接受调研。因此最后我们放弃追求严谨性，更加大胆地去预测和归纳。

第三，行业内的专家高手非常低调。在本书写作的过程中，我接触到的行业专家很多，但真正让人叹服的高手都非常低调。他们主要分为两个类别：一类是借助新零售快速崛起的创业公司负责人，另一类是长期聚焦消费和零售领域的专业投资机构负责人。由于埋头做事，外界很少听到他们的声音，但他们看问题的犀利程度远胜于主流观点。

当然也有些现象让我们更加有信心。在我同本书的另一位作者澄波的实际咨询工作中，我们逐渐发现书中的某些预测和规律慢慢得到了印证。比如内容化的趋势，在我们写作的时候还不是特别明显，我们总结了产品组合和配方的规律。最近无论是抖音上电商的案例，还是周期性订购的再次兴起，都隐含了内容、配方的底层逻辑。令我自己都有点意外的是，在写作过程中我对新零售的种种趋势充满了期待，所以投入新零售的企业实践中，除了为企业提供咨询服务，自己也开始经营一家供应链企业，这是我在写书的最初没有想到的。越是研究，越是接触行业的本质，我越是坚信实践出真知，把自己理解的规律运用到实践中才能获得答案。

最后，留出一些篇幅对在本书的创作过程中指导和帮助过我们的朋友表达感谢。

回头看本书创作的这一年，首先要感谢我的伙伴、战友，本书的合著者——陈澄波。我和澄波相识多年，他带我进入咨询行业，多年来亦师亦友。在研究、写作的过程中，无数次的观点碰撞、激烈交锋、推倒重来，充满了乐趣，给辛苦的创作过程添加了不少愉快的记忆。

感谢猎科咨询以及思酷科技的同事们，尤其是倩玉，为创作的研究工作收集整理素材，参与案例上的修改和完善。

感谢《社交红利》三部曲的作者徐志斌老师。令我印象特别深刻的是他对待写作的态度，我的手机里现在还保存着当时与他沟通的截图，“认真对待书稿，朋友们就会认真对待写书的人”。我也学习了徐老师的方式，邀请朋友试读，拜托朋友帮忙联系调研访谈，收获颇丰。

感谢通过创业邦新零售班和行业社群结识的专家——洽客创始人玉关老师，迪卡侬大中华区发展中心首席运营官汤峻先生，中国银联支付学院院长付伟先生，勺子咨询首席执行官、前德克士大学执行校长余章荣先生，VCAN 财税创始人、原永辉超市财务总监徐薇老师，弘章资本创始合伙人翁怡诺先生等人。在交流和学习中，透过他们的洞察，我看到了更深更广的零售行业。他们都在表达一个共识，零售没有新旧，只有变化和掌握变化的人。

感谢我多年的好友、资深产品经理郭薇，GEN 亚洲理事王倩，邓艳老师，舜飞科技叶金秋，行知聚能段志轩，味 BACK 王致祥、丁卯，果鸽果业宋晓文，电商直播专家 Lamgo，信达澳银基金刘亮，是他们不断鼓励我，给予我启发，并随时向我反馈。

感谢创业邦的王玥王总、张雷、文司令、大千金，还有新零售班的这些不断探索新零售边界的同学：达达集群李慕妍、方寸间朱继光、本初子午李冠娇、云加科技余焰军、研质建构曾曙、小米服装定制刘亿林、蒸浏记彭诚、德师傅汽车服务白洁……他们通过各自在零售细分领域的第一手经验，给了我大量的启发。尤其是张雷，正因为他在本书的编排上提出了诚恳的意见，才有了现在这版序言。

感谢所有参与试读的朋友，尤其是那些素未谋面，却热心帮忙的行业内朋友。

感谢中信出版社墨菲分社的丰虹编辑全程专业负责、不厌其烦地沟通出版细节。

谢谢即将拿到这本书的每一位读者，希望我们都有所收获。

陈　欢

2018 年 4 月